# ALLES JERSEY

## Cool Kids

KINDERKLEIDUNG NÄHEN
IN GRÖSSE 98–164

EMF

EIN BUCH DER
EDITION MICHAEL FISCHER

Poloshirt, S. 54

Pulloverkleid, S. 64

Hoodie, S. 78

# Inhalt

Shorts, S. 96

Overall, S. 106

Turnbeutel, S. 138

# Vorwort

Wie schnell das doch geht: Aus den kleinen Sandkastenräubern sind richtige Kinder geworden, die plötzlich zu allem eine Meinung haben. Sie wollen mitbestimmen, wenn es um ihre Kleidung geht, da sind mädchenhafte Kleider und Röcke genauso gefragt wie coole Shirts und Hosen.
Und all das ist in diesem Buch enthalten: Ich möchte euch mit ihm ein Rundum-Paket in die Hände geben, mit dem ihr die Wünsche cooler Mädchen, kleiner Herzensbrecher, verträumter Prinzessinnen und richtiger Rabauken erfüllen könnt.
Näht nicht für eure Kinder, sondern mit ihnen! – bezieht sie mit ein bei der Auswahl der Stoffe und der Schnittmuster. Lasst sie mithelfen und mitentscheiden, dann wird jedes Kleidungsstück freudig getragen. Und wer weiß, vielleicht haben eure Kinder Lust euch an der Nähmaschine zu unterstützen, oder nähen sich bald sogar selbst das ein oder andere Lieblingskleidungsstück. Alle Projekte sind mit einem Schwierigkeitsgrad versehen, Anfänger können sich erst mal an einem Wendebeanie oder Basic-Shirt probieren und Fortgeschrittene finden eine richtige Herausforderung in dem Poloshirt oder der Sweatjacke.
Zusätzlich gibt es zu jedem Nähprojekt Anregungen für Variationsmöglichkeiten, so könnt ihr zum Beispiel für alle Shirts die Ärmelformen untereinander tauschen – wie wäre z. B. ein Blusenshirt mit Puffärmeln oder doch lieber ein Basic-Shirt mit sommerlichen kurzen Ärmeln?
Es gibt so viele Möglichkeiten … traut euch und mixt euch eure Lieblingskleidung aus variablen Teilen zusammen.
Ich wünsche euch und euren Liebsten ganz viel Freude beim Nähen!

Lissi Wilbat

# Das Leben
## – ist ein –
# Ponyhof

Und wird sind hier – ausnahmsweise – bei Wünsch-dir-was. Kinder mit einem eigenen Kopf wollen selbst bestimmen – und das ist gut so: Lasst euren Nachwuchs bei Stoffwahl, Schnitt- und Verarbeitungsvarianten mitentscheiden!

Bei den jeweiligen Projekten schlage ich euch Varianten vor, wie das Modell noch einmal ganz anders genäht werden könnte. So wird's nie langweilig und im Kleiderschrank herrscht Vielfalt. Ich bin gespannt, was Ihr Individuelles aus den Modellen zaubert!

# Grundlagen

Overlock-Maschine oder nur Haushaltsnähmaschine – hier findet ihr Wissenswertes und Praktisches für die Verarbeitung von Jersey. Zusätzlich lernt ihr Techniken, die ihr bei den Projekten einsetzen könnt.

# Nähzubehör

**Nähen ist eine Herzensangelegenheit. Damit euch diese mit Freude und Leichtigkeit von der Hand geht, stehen euch einige fleißige Helfer zur Seite. Legt euch gutes Handwerkszeug zu, es lohnt sich.**

## SCHNEIDEN

Eine hochwertige **Stoffschere** oder ein **Rollschneider** sind die wichtigsten Utensilien für den Zuschnitt des Stoffs. Mit dem Rollschneider könnt ihr problemlos Jersey schneiden, ohne dass er sich verzieht.
Euer Rollschneider sollte immer mit einer scharfen Klinge ausgestattet sein. Damit dies lang so bleibt, benutzt ihr ihn zusammen mit einer geeigneten **Schneidematte**. Sie hat eine Rasterung und erleichtert so das Zuschneiden von Bündchen oder geraden Nähstücken. Ergänzend ist ein **spezielles Lineal** sinnvoll, entlang dessen mit dem Rollschneider geschnitten wird.
Die **Stoffschere** wird ausschließlich für das Schneiden von Stoffen benutzt, sonst ist die Schere ganz schnell stumpf. Eine kleine **Fadenschere** sollte immer griffbereit neben der Nähmaschine liegen.
Das liebste und zugleich meistgehasste Werkzeug jedes Nähenden ist der **Nahttrenner**. Wann immer er zum Einsatz kommt, liegt ein ärgerlicher Fehler vor. Dafür trennt er schnell und zuverlässig jede Naht und schneidet Knopflöcher sauber auf.

## STECKEN

**Stecknadeln** gibt es in vielen Varianten – eines haben sie alle gemeinsam: Sie helfen beim Fixieren der einzelnen Stofflagen und ermöglichen ein genaues Zusammennähen. Sie können auch zum Markieren von Punkten oder Abschnitten verwendet werden. Ohne abgerundete Spitze hinterlassen sie kleine Löcher im Jersey und sollten daher innerhalb der Nahtzugabe gesteckt werden. Empfehlenswert sind Stecknadeln mit Glasköpfen, da sie beim Bügeln nicht schmelzen. Schnell aufgeräumt und aufbewahrt sind Stecknadeln mit einem **magnetischen Nadelkissen.** Alternativ gibt es **„Wonderclips"**. Sie funktionieren ähnlich wie eine Wäscheklammer und halten locker auch mehrere Lagen Stoff zusammen, ohne diesen zu zerstechen. Besonders wertvoll sind sie, um Falten oder Einfassstreifen zu fixieren.

## MESSEN

Mit einem **Maßband** werden Körpermaße bestimmt. Es findet auch Verwendung bei der Ermittlung gebogener Strecken, wie z. B. am Ausschnitt für die Bemessung der Bündchen. Die Einkerbungen am **Handmaß** ermöglichen ein gleichmäßiges Anzeichnen von Saum- und Nahtzugaben. Auch kurze Strecken werden damit präzise abgemessen. Ein **Saumlineal** hat ähnliche Eigenschaften. Die gängigsten **Saummaße** sind darauf markiert und erleichtern so ein schnelles Überprüfen. Die Messskala am Saum- sowie am Handmaß beginnt direkt an der Kante, dadurch können auch innen liegende Strecken schnell ermittelt werden.

## MARKIEREN

Das genaue Anzeichnen von Naht- und Saumzugaben oder anderen Markierungen verhilft zu einem sauberen Nähergebnis. Daher sollten diese Markierungen mithilfe von **Schneiderkreide** oder **Trickmarkern** sorgfältig gesetzt werden. Beides ist in verschiedenen Farben erhältlich. Schneiderkreide ist als Block – für grobe Markierungen – oder in Form von Stiften sowie als Kreiderad für feinere Linien erhältlich. Entfernt wird die Kreide einfach durch Ausbürsten.
Noch einfacher geht es mit dem Trickmarker, der je nach Modell von selbst nach einigen Tagen verschwindet oder mit einem feuchten Tuch weggewischt wird. Kleine Knipse, also Einschnitte innerhalb der Nahtzugabe, oder **Stecknadeln** sind auch gängige Mittel, um Punkte auf dem Nähstück zu markieren. Taschen- und Knopfpositionen o. Ä. können auch mit **Kopierrädchen** und dem entsprechenden Papier übertragen werden.

**Tipp**

Markierungen solltet ihr niemals überbügeln! Das könnte dazu führen, dass diese dauerhaft auf dem Stoff sichtbar bleiben.

HANDNÄHNADELN
MASSBAND
STECKNADELN &
MAGNETISCHES
NADELKISSEN
OVERLOCK-GARN
HANDMASS
DRUCKKNOPFZANGE
WONDER-
CLIPS
NÄHMASCHINENNADELN
SCHMETZ
KAI
5028
KANTENFORMER
KNIPSER
KREIDERAD
NAHTTRENNER
STOFFSCHERE
FADENSCHERE
ROLLSCHNEIDER

## GARNE

Für das Nähen mit dehnbaren Stoffen sind **Polyestergarne** empfehlenswert. Sie sind leicht dehnbar und strapazierfähiger als ein **Baumwollfaden.** Als **Heftfaden** ist ein Baumwollgarn aber sinnvoll. Da er nicht reißfest ist, kann die Hilfsnaht schnell wieder zerrissen und aufgetrennt werden. Das beliebteste Nähgarn ist der sogenannte Allesnäher – ein zweiteiliger Polyesterfaden. Er glänzt nicht, ist lichtecht und schrumpft beim Waschen nicht. Ein stabiles Garn für fast alle Projekte!
Für besonders weiche Nähte, z. B. bei Unterwäsche oder auch für den Rollsaum, findet **Bauschgarn** Verwendung: ein Polyesterfaden, der eine voluminöse, flauschige Struktur hat. Beim Einfädeln ist ein wenig Geduld gefragt, auch die Fadenspannung muss hierfür angepasst werden. Bauschgarn wird an der Overlock-Maschine nur für die Greifer verwendet und an der Nähmaschine nur als Unterfaden. Durch die Nadeln läuft es nicht gleichmäßig.
**Gummifäden** werden ebenfalls nur als Unterfaden verwendet, z. B. beim Smoken.
Für die Overlock gibt es spezielles **Overlock-Garn,** dieses besteht aus dünnem Polyesterfaden, damit die Nähte nicht auftragen. Dadurch ist er nicht sehr reißfest. Da die Overlock aber mit mehreren Fäden näht, sind die Nähte trotzdem sehr stabil. Overlock-Garn ist auf großen **Konen** erhältlich und hat meistens eine Lauflänge von 2500 m.
Die Farbe des Garns orientiert sich an der Stofffarbe. Ist ein entsprechender Faden nicht zur Hand, wählt einen dunkleren Farbton, denn die Naht wirkt am fertigen Projekt vernäht heller. Für **Ziernähte** dagegen verwendet ihr Garn in einem kontrastreichen Farbton.

**Tipp** Es lohnt sich, in ein hochwertiges Garn zu investieren. Nichts ist ärgerlicher als ein reißender Faden!

OVERLOCK-GARN AUF KONEN

## NADELN

Anders als **Universalnadeln,** die auf Jersey Laufmaschen oder kleine Löcher verursachen können, haben **Jerseynadeln** eine stark abgerundete Spitze. Daher werden sie auch Ball-Point-Nadeln genannt. Die Nadel schiebt sich im Nähvorgang zwischen die Maschen. Für hochelastische Stoffe, wie Badeanzugstoff oder Viskose-Jersey, werden spezielle **Stretch-Nadeln** verwendet. Sie haben eine abgerundete Spitze und ein spezielles Nadelöhr. Ein elastischer Saum kann sehr einfach mit der **Zwillingsnadel** an der Nähmaschine genäht werden. Zwillingsnadeln bestehen aus zwei Nadeln und sind in verschiedenen Ausführungen erhältlich. Dabei variiert einerseits die Form der Nadel, andererseits auch der Abstand zwischen den Nadeln. Zwei Oberfäden laufen gleichzeitig durch die Nadeln und bilden so zwei parallele Nähte auf dem Stoff, während der Unterfaden einen Zickzackstich bildet und auf diese Weise beide Nähte elastisch verbindet.
Im Handbuch jeder Overlock sollte eine Nadelempfehlung zu finden sein. Manche Maschinen laufen besser mit Nähmaschinennadeln, andere verlangen nach den speziellen **Overlock-Nadeln.** Diese tragen die Bezeichnung **EL705x** für Universalnadeln mit leicht abgerundeter Spitze oder **EL705x SUK** für dehnbares Material mit stark abgerundeter Spitze. Die Bezeichnung CV verspricht eine sehr stabile Verchromung, welche die Nadeln besonders haltbar macht.
Eine Auswahl an **Handnähnadeln** sollte auch stets bereitliegen, z. B. um Wendeöffnungen zu verschließen.
Alle Nadeln gibt es in verschiedenen Stärken: Je nach Materialstärke wird die Nadel gewählt. Ein Single-Jersey wird mit einer 70/75er-Nadel genäht, ein Double-Jersey oder Sommer-Sweat mit einer 80er-Nadel und ein dicker Sweat dann mit einer 80/90er-Nadel.

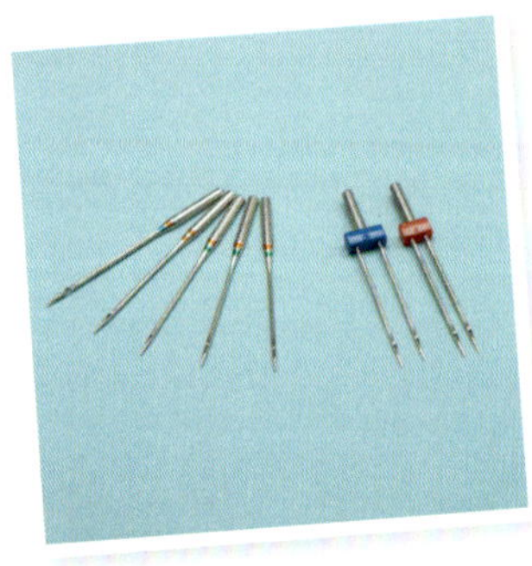

JERSEY- UND ZWILLINGSNADELN

# Kurzwaren und Co.

**Neben schönen Stoffen gibt es auch weitere hübsche und praktische Materialien, die ihr beim Nähen einsetzen könnt. Achtet beim Nähen für Kinder darauf, dass vor allem Knöpfe sicher sitzen.**

## DRUCKKNÖPFE

Auf Maschenwaren sollten **Jersey-Druckknöpfe** verwendet werden. Diese haben mehrere Zacken, die sich durch den Stoff drücken und ins Gegenstück hineingebogen werden. So wird die Belastung beim Öffnen verteilt und ein Ausreißen verhindert. Auf sehr feinen Stoffen sollten Druckknöpfe trotzdem mit einer Einlage verstärkt werden. Druckknöpfe werden mit einer Zange oder einem speziellen Werkzeug angebracht.

## EINLAGEN

**Einlagen** verstärken den Stoff. Speziell für Knopflöcher und Reißverschlüsse ist es sinnvoll, ein Ausdehnen des Stoffs zu verhindern. Einlagen bestehen meistens aus **Vlies** und haben fast immer eine Klebeseite, mit der sie auf der linken Seite des Stoffs aufgebügelt werden. **Kantenband** ist ein mit Längsfäden verstärkter Einlagenstreifen. Er wird ebenfalls aufgebügelt und hält Kanten in Form – besonders praktisch bei Reißverschlüssen. Applikationen bleiben an Ort und Stelle, wenn sie mit **Vliesofix** aufgebügelt werden.

## FRAMILASTIC

Ein elastisches Kunststoffband für Raffungen. Es wird gedehnt aufgenäht und zieht sich anschließend zusammen. Der Stoff wird dabei gerafft.

### EINLAGEN FÜR JERSEYSTOFFE

- Vliesofix zum vorherigen Aufbügeln von Applikationen
- H 609: bi-elastische Einlage speziell für schwerere Jerseystoffe
- G 785: bi-elastische Gewebeeinlage für zarte, fließende Jerseystoffe wie Viskose
- G 770: bi-elastische Gewebeeinlage für schwerere Jerseystoffe
- Leichte, nicht dehnbare Gewebeeinlagen wie G710 oder G700 an Stellen, die nicht dehnbar sein müssen

## BÄNDER

Verzierungen geben jedem Nähprojekt den letzten Schliff und machen – ob schlicht oder bunt – einfach immer Spaß! So kann z. B. Spitze dezent Ton in Ton am Saum angenäht werden. Mitgefasstes **Paspelband** betont die Nähte und verleiht einen sportlichen Touch. Eine kontrastreiche Einfassung aus dehnbarem **Schrägband** bildet einen schönen Abschluss.

## ÖSEN

Ähnlich wie Jersey-Druckknöpfe bestehen Ösen aus zwei Teilen, welche durch ein kleines Loch im Stoff hindurch miteinander verbunden werden. Es gibt sie in unterschiedlichen Farben und Größen. Sie eignen sich als Durchführungen für Kordeln und Bänder, zum Verbinden von Stoffen oder einfach nur als schönes Detail. Damit die Ösen auf dem dehnbaren Stoff fest sitzen, muss der Untergrund verstärkt werden: z. B. mit einer nicht dehnbaren, aufbügelbaren Einlage von der Rückseite oder einem dekorativ auf die rechte Seite aufgenähten festen Untergrund – wie Jeans oder SnapPap.

**Tipp** Verwendet nur dehnbare Bänder für Projekte aus Maschenstoffen.

JERSEYDRUCKKNÖPFE

# Stoffkunde

**Während Webstoffe aus Querfäden und Längsfäden miteinander verwebt werden, handelt es sich bei Jersey um gestrickte oder gewirkte Stoffe. Dadurch erhalten sie ihre Dehnbarkeit.**

Alle Jerseystoffe sind durch das Herstellungsverfahren, ihre Strickart, bereits dehnbar. Durch Beimischung von Elasthan werden die Stoffe elastisch, das heißt, sie bringen sich wieder in ihre ursprüngliche Form zurück und leiern nicht aus. Die häufigsten Bestandteile von Jerseystoffen sind Baumwolle (Baumwoll-Jersey), Viskose (Viskose-Jersey), Polyester, Polyamid, Modal und Wolle.

### SINGLE-JERSEY, TRIKOT

Single-Jersey wird auch Trikot genannt. Es handelt sich um einen einlagig gestrickten Stoff. Auf der Vorderseite hat Single-Jersey rechte Maschen, auf der Rückseite linke Maschen. Dadurch ist dieser Stoff sehr dehnbar und relativ dünn. Nachteile sind dabei, dass er recht anfällig für Laufmaschen ist und sich die Seiten leicht einrollen.
**Gut geeignet für:** Shirts, Kleider, leichte Röcke, Leggins, Pullover, Mützen

### DOUBLE-JERSEY, ROMANIT

Zweilagig gestrickter Stoff. Er hat entweder beidseitig rechte Maschen oder beidseitig linke Maschen. Dadurch wird der Stoff robuster und fällt etwas schwerer.
**Gut geeignet für:** festere Shirts, Hosen, Röcke, Jacken

### INTERLOCK(-JERSEY)

Bei Interlock handelt es sich ebenfalls um einen zweiseitig gestrickten Stoff. Durch seine Kreuzbindung entsteht ein zweilagiger Stoff, der auf beiden Seiten nur rechte Maschen zeigt. Seine beiden Seiten sind miteinander verbunden. Interlock besteht in der Regel aus 100 % Baumwolle. Er ist sehr strapazierfähig und rollt sich an den Seiten nicht ein.
Durch seine Kreuzbindung ist Interlock zwar dehnbar, jedoch nicht elastisch.
**Gut geeignet für:** weitere Shirts, Kleider, Hosen, nicht jedoch für eng sitzende Kleidung

### BÜNDCHENWARE

Bündchenware ist einlagig gestrickter Stoff, bei dem sich rechte und linke Maschen abwechseln. Auch ohne Elasthananteil hat der Stoff leichte Rücksprungeigenschaften, leiert aber schnell aus.
Ohne Elasthananteil nehme ich Bündchenware nur für Ärmel- , Knöchel- und Halsbündchen. Bei Bauchbündchen muss häufig zusätzlich ein Gummiband eingearbeitet werden.
Rippen-Jersey dagegen ist meist mit Elasthananteil und perfekt für alle Bündchen.
**Gut geeignet für:** Bündchen

### SWEATSHIRT-STOFF

Einlagig gestrickter Stoff. Auf der Rückseite wird ein weicher Futterfaden mitgeführt, der später angeraut wird und so für eine kuschelige Seite sorgt.
**Gut geeignet für:** Pullis, Hosen, Jacken

### SOMMER-SWEAT, FRENCH TERRY

Wie der Sweatshirt-Stoff ist er auch ein gestrickter Stoff, nur dass die Rückseite später nicht angeraut wird.
**Gut geeignet für:** leichtere Pullis, Jacken, Kleider, Hosen

### STRETCH-FROTTEE

Bei der Herstellung wird ein zusätzlicher Faden eingebunden, der an der Oberfläche in sich verdrehte Schlingen bildet.
**Gut geeignet für:** Sportbekleidung, Schlafanzüge

### FLEECE

Ein dichtes Gewebe aus meistens 100 % synthetischen Fasern. Dieser Stoff gehört auch zur Maschenware. Die äußere Struktur ist aufgeraut. Fleece ist sehr voluminös und hat hervorragende Wärmeisoliereigenschaften.
**Gut geeignet für:** Outdoor-Kleidung

SINGLE-JERSEY

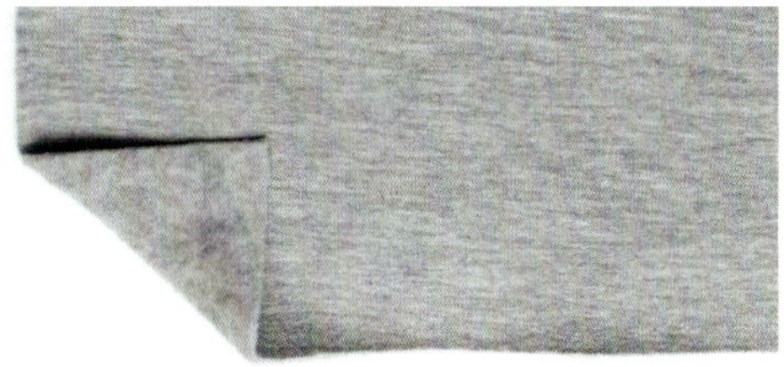

SWEATSHIRT-STOFF

DOUBLE-JERSEY

SOMMER-SWEAT

INTERLOCK(-JERSEY)

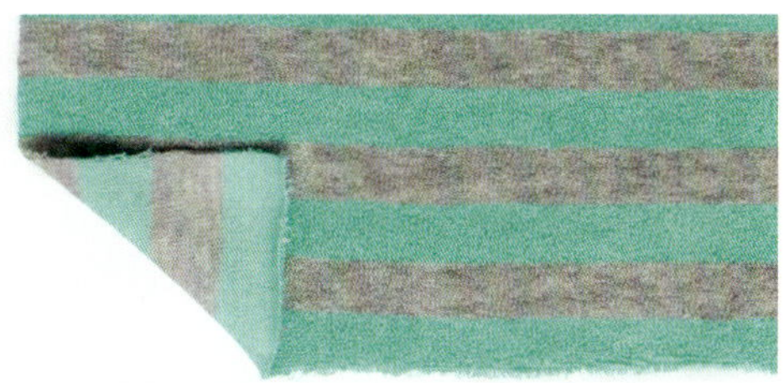

STRETCH-FROTTEE

BÜNDCHENWARE

FLEECE

RIPPEN-JERSEY

Gerade für Kinderkleidung möchtet ihr vielleicht ganz genau wissen, welchen Stoff ihr kauft. Der *Global Organic Textile Standard (GOTS)* ist ein weltweit angewendeter Standard für die Verarbeitung von Textilien aus biologisch erzeugten Naturfasern. Wenn euer Stoff dieses Siegel trägt, näht ihr Biokleidung.

# Overlock-Maschine

**Eine Overlock erleichtert das Nähen mit Jersey enorm! Zwei Stofflagen werden mit einer elastischen Naht zusammengenäht und versäubert. Gleichzeitig wird die Nahtzugabe abgeschnitten.**

## GREIFER, NADELN UND MESSER

Die Overlock-Maschine hat ein integriertes Messer, das die Nahtzugaben sauber abschneidet. Mit den beiden Greifern (Obergreifer und Untergreifer), die den Stoff umschlingen, und mit den zwei Nadeln werden die Stiche gebildet. Das Messer kann bei einigen Overlock-Maschinen weggedreht werden, wenn man den Stoff beispielsweise zum Versäubern der Garnraupen einmal nicht abschneiden möchte.

## STICHLÄNGE

Die Stichlänge der gewünschen Naht kann eingestellt werden. Bei einem Rollsaum beispielsweise muss die Stichlänge auf die minimale Länge eingestellt werden. Zum normalen Nähen mit der Overlock-Maschine ist man mit der Standardeinstellung gut beraten.

## FADENSPANNUNG

Das Garn läuft vom Garnrollenhalter durch die Spannungsscheiben, mit denen man jedes Garn einzeln spannen kann. In der Regel ist man hier mit der Standardeinstellung gut beraten.
Bei einigen Stoffen empfiehlt es sich, die Spannungen der Greifer oder die der Nadeln etwas zu lösen oder fester zu stellen. Genaue Hinweise dazu liefert die Bedienungsanleitung eurer Overlock-Maschine.

## EINFÄDELN DER OVERLOCK-MASCHINE

In der Regel wird die Overlock-Maschine von rechts nach links eingefädelt, ähnlich wie ihr es von eurer normalen Nähmaschine kennt.

1. Zuerst der Untergreifer (Garnrolle ganz rechts)
2. Dann der Obergreifer (2. Garnrolle von rechts)
3. Dann die rechte Nadel (2. Garnrolle von links)
4. Zuletzt die linke Nadel (Garnrolle ganz links)

Verwendet zum Einfädeln die Pinzette, die zum Lieferumfang der Maschine gehören sollte. Diese Pinzette benötigt ihr immer wieder. Versucht gar nicht erst, die Fäden ohne eine Pinzette einzufädeln – ihr werdet sonst daran verzweifeln!
Wie genau die einzelnen Fäden eingefädelt werden, entnehmt ihr auch der Bedienungsanleitung eurer jeweiligen Maschine. Sollte mal ein Faden reißen, könnt ihr diesen nicht einfach „zwischenrein" einfädeln, sondern ihr müsst euch an die Reihenfolge halten. Immer! Viele Maschinen haben farbige Markierungspunkte an den einzelnen Stationen der Fäden, was das komplizierte Einfädeln enorm erleichtert.

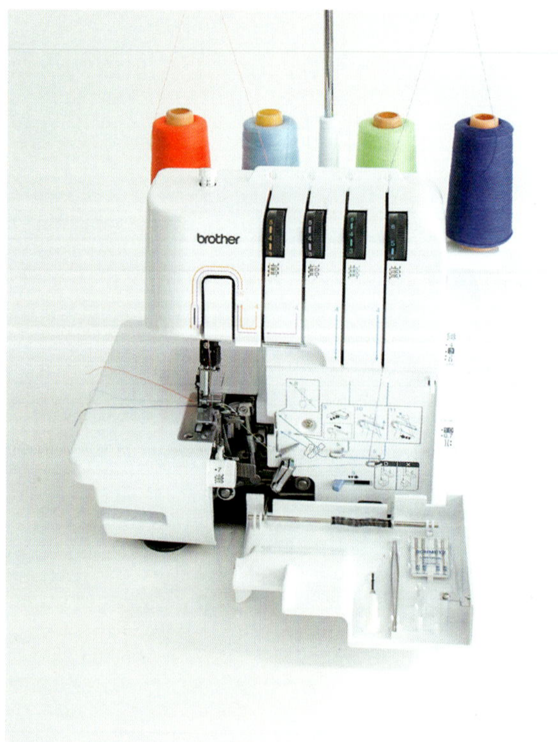

## HÄUFIG VERWENDETE OVERLOCK-STICHE

**4-Faden-Overlock mit Sicherheitsnaht** wird zum Versäubern und Zusammennähen verwendet. Hier werden beide Nadeln genutzt. Erzielt besonders belastbare Overlock-Nähte, sehr gut geeignet für Kinderkleidung.

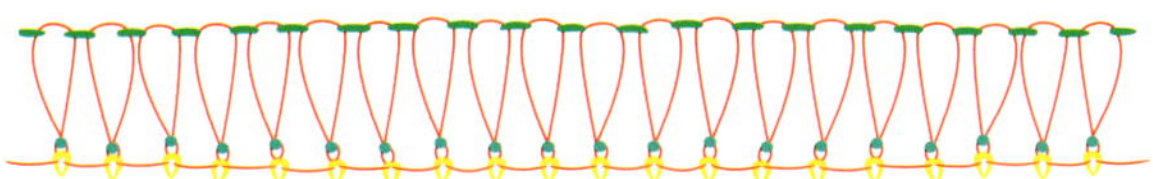

**3-Faden-Superstretchnaht** wird zum Versäubern und Zusammennähen verwendet, wenn eine besonders schmale Naht erwünscht ist. Hier wird nur eine Nadel genutzt. Besonders geeignet ist die Naht bei sehr dehnbaren Stoffen.

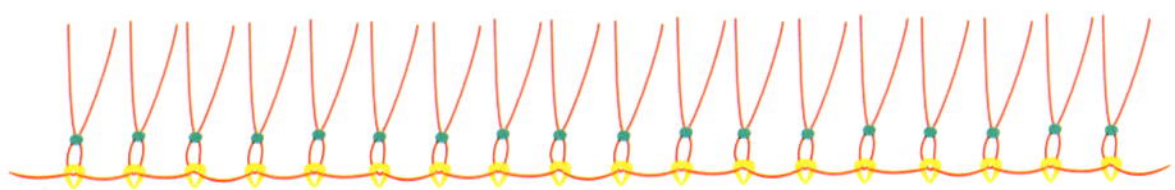

**3-Faden-Rollsaum** wird zum Säumen verwendet. Hier wird nur eine Nadel genutzt. Viele Overlock-Maschinen haben Voreinstellungen für den Rollsaum. Die Nahtbreite und die Stichlänge werden auf ein Minimum reduziert.

## DIFFERENZIALTRANSPORT

Eine gute Overlock-Maschine hat einen Differenzialtransport. Dieser besteht aus zwei Transportplatten unter dem Nähfuß: einer vorderen und einer hinteren. In der Standardeinstellung (1) arbeiten die beiden Transporteure gleich schnell.
Ist das Differenzial kleiner eingestellt (0,7–1), arbeitet der hintere Transporteur schneller als der vordere. Dadurch wird der Stoff beim Nähen unterschiedlich schnell transportiert und etwas gedehnt. Ein welliges Nahtbild entsteht, sobald sich der Stoff wieder zusammenzieht. Eine wellige Kante kann erwünscht sein, z. B. beim Rollsaum (siehe Seite 25).
Wird das Differenzial größer eingestellt (zwischen 1–2), arbeitet der hintere Transporteur langsamer als der vordere. Dadurch wird der Stoff etwas eingehalten. Durch ein größer eingestelles Differenzial kann auch feiner Viskosestoff ohne Wellen genäht werden. Je nach Einstellung führt dies auch zur Kräuselung des Stoffs.

## OVERLOCK-NAHT AUFTRENNEN

Manchmal muss es leider sein: Ein ärgerlicher Fehler hat sich eingeschlichen und eine Naht soll wieder aufgetrennt werden.

1. Legt die Overlock-Naht mit der Oberseite nach oben vor euch hin. Fahrt mit dem Nahttrenner zwischen dem Stoff und der obersten Reihe der Fäden entlang.
2. Dreht den Stoff auf die Rückseite. Zieht leicht an einer stehengebliebenen Schlaufe, ihr könnt in einem Zug den gesamten Faden lösen. Entfernt zum Schluss die übrigen Fäden.

## SICHERN DER KETTE

### Am Anfang einer Naht

1. Lasst eine Fadenkette von ca. 10 cm stehen, bevor ihr den Stoff einlegt. Näht dann 1–2 Stiche, greift die Fadenkette und legt sie nach vorne unter den Nähfuß.

2. Näht jetzt über die Fadenkette 2 cm lang in die Naht ein. Zieht das restliche Ende der Fadenkette unter das Messer und schneidet dieses ab.

## SICHERN DER KETTE

### Am Ende einer Naht

1. Näht am Ende einer Naht einen Stich über den Stoff hinaus und haltet die Maschine an. Hebt den Nähfuß und die Nadel an und dreht den Stoff auf die Rückseite. Legt ihn wieder unter den Nähfuß.

2. Näht noch mal 3–4 cm, ohne die vorher entstandene Naht zu zerschneiden (das Messer hochklappen, wenn möglich). Zieht den Stoff während des Nähens seitlich aus der Maschine heraus und lasst die Naht noch ca. 5 cm weiterlaufen. Die überstehenden Fäden können jetzt abgeschnitten werden.

1

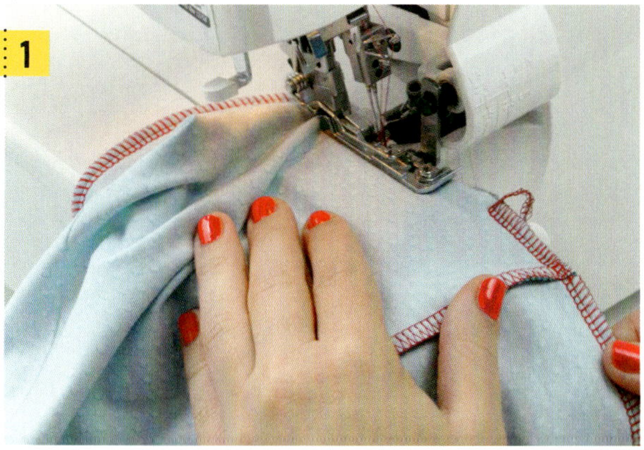

2

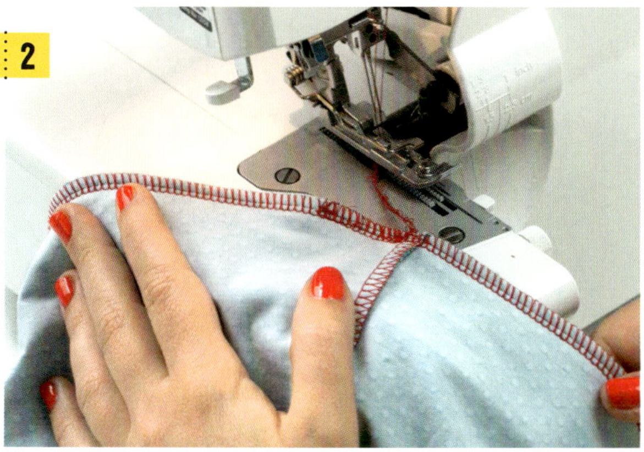

## SICHERN DER KETTE

### In Rundungen

1. Bei allen Arten von Bündchen oder z. B. beim Annähen eines Rockteils näht ihr bis an den Anfang der Naht heran und dann ca. 3 cm schräg über die Naht hinweg. Zieht nun so seitlich das Nähstück aus der Maschine heraus und achtet dabei darauf, dass der Anfang der Naht nicht angeschnitten wird.
2. Schneidet den Faden mit ca. 5 cm Überstand ab und verknotet ihn am Ende.

1

2

## SICHERN DER KETTE

### Mit der Häkelnadel

1. Lasst am Ende eures Nähprojekts eine Fadenkette von ca. 5 cm stehen.
2. Stecht mit der Häkelnadel durch die Overlock-Naht hindurch, fangt den Faden ein und zieht ihn so in die Naht herein. Hier ist er gesichert.

# Haushaltsnähmaschine

**Eine Overlock ist der Traum jeder Näherin, aber sie wird eine gute Nähmaschine nie ganz ersetzen. Knopflöchernähen und Absteppen sind und bleiben die Aufgaben der Nähmaschine.**

## TRANSPORT

Lasst den Stoff auf jeden Fall immer von der Maschine führen, also weder am Stoff ziehen noch ihn „anschubsen" – dies führt dazu, dass die Naht wellig oder gekräuselt wird.
Sollten einmal ungewollt doch kleinere Wellen entstehen, könnt ihr sie mit dem Bügeleisen wieder glätten. Dazu dämpft den Stoff von oben herab. Setzt das Bügeleisen mehrmals leicht auf die Wellen und drückt sie platt. Schiebt die Wellen auf dem Stoff nicht mit dem Bügeleisen vor euch her, das würde den Welleneffekt nur noch weiter verstärken!
Überprüft bei Wellenbildung auch den Nähfußdruck und setzt ihn, wenn möglich, herab. Alternativ könnt ihr einen Papierstreifen unter dem Nähfuß mitführen. Diesen legt ihr von links auf den Stoff und unter den Nähfuß, jedoch nur bis knapp an die Nadel heran, sodass der Streifen nicht eingenäht wird.

## GENÜGEND NAHTZUGABE

Am Anfang der Naht kann es passieren, dass ein sehr leichter Jerseystoff in die Maschine hineingezogen wird. Dabei spricht man auch vom „Stofffraß". Hier hilft es, genügend Nahtzugabe einzurechnen. Beginnt den ersten Stich 5 mm vom Rand enfernt und zieht dabei leicht an den Fäden, so rutscht der Anfang ohne Probleme durch.

## RICHTIGE NADEL, RICHTIGER STICH

Beim Nähen von dehnbaren Stoffen mit der Haushaltsnähmaschine ist darauf zu achten, dass die Naht elastisch sein muss, damit sie mit dem Stoff zusammen nachgeben kann und nicht reißt.
Wichtig ist hier die richtige Wahl der Nadel: Am besten sind Jerseynadeln geeignet (siehe Seite 10).
Die rechts gezeigten Sticharten der Haushaltsnähmaschine sind für dehnbare Stoffe geeignet.

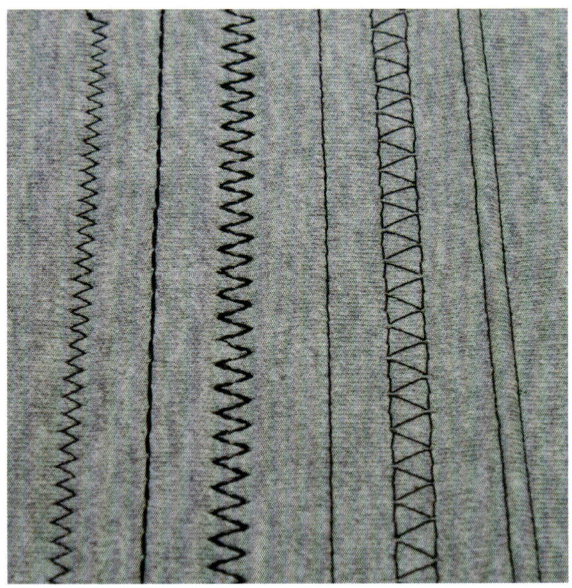

# Stiche für dehnbare Stoffe

ZICKZACKSTICH

Der Zickzackstich wird am besten mittelbreit und mittellang eingestellt. Dieser Stich bleibt elastisch. Je schmaler der Zickzackstich eingestellt ist, desto weniger dehnbar ist die Naht später. Verwendet diesen Stich für das Zusammennähen der einzelnen Teile. Grundsätzlich muss Jerseystoff nicht unbedingt versäubert werden, da er nicht aufribbelt. Wenn ihr es aus optischen Gründen dennoch machen möchtet, verwendet auch hierfür den Zickzackstich, sehr breit und mittellang eingestellt.

DREIFACHGERADSTICH

Hierzu macht die Nähmaschine einen längeren Stich vorwärts und einen kürzeren Stich rückwärts. Dieser Stich ist ein wenig dehnbar, aber extrem reißfest.
Er könnte auch für das Zusammennähen der einzelnen Teile angewendet werden, ist jedoch (sollte doch mal etwas schieflaufen) extrem schwer wieder aufzutrennen.

Wenn ihr erst mit dem Nähen von Jersey beginnt, ist es ratsam, an der Haushaltsnähmaschine zuerst einmal dickere dehnbare Stoffe zu verarbeiten. Normaler Sweatshirt-Stoff sollte für die meisten Haushaltsnähmaschinen noch kein Problem darstellen. Dünner Jersey ist durchaus eine Herausforderung.

DREIGETEILTER ZICKZACKSTICH

Der dreigeteilte Zickzackstich ist enorm dehnbar. Statt die Richtung nach jedem Stich zu wechseln, macht er drei kleine Stiche in eine Richtung und dann drei kleine in die andere usw. Der dreigeteilte Zickzackstich eignet sich gut zum Absteppen von Nähten, wie z. B. am Saum oder zum Annähen eines Belegs. Auch mit diesem Stich, kurz und schmal eingestellt, können die einzelnen Schnittteile gut zusammengenäht werden.

ZWILLINGSNADEL

Durch Verwendung der Zwillingsnadel entsteht eine doppelt gesteppte Naht, die aus zwei Oberfäden und nur einem Unterfaden gebildet wird. Der Unterfaden verläuft dabei im Zickzack. Dadurch bleibt die Naht elastisch.

GERADSTICH

Der Geradstich wird bei dehnbaren Stoffen nur zum Annähen von Taschen und Applikationen oder zum Absteppen von Ausschnittbündchen o. Ä. angewendet. Wenn ihr Nähte habt, die im Fadenlauf verlaufen, könnt ihr den Geradstich auch hier anwenden, beispielsweise beim Zusammennähen von Bündchen.



OVERLOCK-STICHE

Viele Nähmaschinen haben bereits Overlock-Stiche. Diese nähen und versäubern in einem Schritt und bleiben sehr dehnbar. Jedoch muss die Nahtzugabe bereits sehr sauber abgeschnitten sein, dass sie den Rand auch gut mit einfassen.

# An den Stoff, fertig, los!

**Der Traumstoff ist gefunden, das perfekte Schnittmuster ausgewählt und das Werkzeug liegt auch schon bereit? Jetzt heißt es: Nichts überstürzen. Einige Vorbereitungen müsst ihr noch treffen.**

## VORWASCHEN

Der erste wichtige Schritt, bevor es mit dem Zuschneiden und Nähen losgehen kann, ist das Vorwaschen. Alle Stoffe sollten vor dem Verarbeiten gewaschen werden, um ein späteres Einlaufen zu verhindern. Das ist vor allem bei Kleidern wichtig, da die Teile sonst später nicht passen. Nach dem Waschen und Trocknen die Stoffe in Form ziehen und eventuelle Falten ausbügeln.

## SCHNITTMUSTER KOPIEREN

Die Schnittmuster für die Modelle dieses Buchs sind alle auf dem beiliegenden Schnittmusterbogen in Originalgröße abgebildet. Damit der Schnittmusterbogen mehrfach verwendet werden kann, paust ihr das gewählte Schnittmuster in der richtigen Größe ab. Dazu können verschiedenste durchsichtige Papiersorten gewählt werden: Skizzenpapier gibt es auf der praktischen Rolle in verschiedenen Breiten. Aber auch Backpapier, Seidenpapier oder Planen aus dem Baumarkt eignen sich für das Kopieren der Schnittmuster prima.

## NAHT- UND SAUMZUGABEN, MARKIERUNGEN

Naht- und Saumzugaben können direkt auf dem Papier angezeichnet oder im Nachhinein auf dem Stoff hinzugefügt werden. Übertragt alle wichtigen Markierungen, wie z. B. den Sitz der Tasche oder Passmarken.

## SCHNITTMUSTER AUFLEGEN

Bestimmt den Faden- bzw. den Maschenlauf. Dieser verläuft parallel zur Stoffkante.
Durch Dehnen des Stoffs sind die Maschen deutlich sichtbar. Nun legt das Schnittmuster in Richtung des Faden- bzw. Maschenlaufs auf den Stoff. Dies ist wichtig, damit das Kleidungsstück später in der richtigen Richtung dehnbar ist. Damit es sich nicht verschiebt, beschwert das Schnittmuster mit Gewichten. Das können Steine aus dem letzten Urlaub sein oder mit Knöpfen gefüllte Gläser. Manchmal reicht es auch, das Nähwerkzeug auf dem Papier zu platzieren. Ein Fixieren mit Stecknadeln ist auch möglich, dabei aber an die eventuell entstehenden Löcher denken!

## ZUSCHNITT

Vor jedem Projekt findet ihr eine Auflistung zur Materialwahl und zum Zuschnitt. Sucht euch einen Lieblingsstoff aus, mit dem ihr das Projekt nähen wollt. Stellt sicher, dass ihr die entsprechende Stoffmenge im Haus habt. Wenn ihr unsicher seid, könnt ihr die Schnittteile aus Papier probehalber auf eurem Stoff auslegen.
Folgt dann den Angaben zu Beginn jeder Anleitung und schneidet die für das jeweilige Projekt benötigten Schnittteile entsprechend zu. Denkt immer daran: Zweimal messen, einmal schneiden – ist der Schnitt einmal gemacht, gibt es kein Zurück. Kontrolliert also vor dem Schneiden, ob ihr wirklich nichts vergessen habt.
Vorder- und Rückteile werden häufig im Stoffbruch zugeschnitten. Dafür faltet ihr den Stoff entlang des Fadenlaufs und legt das Schnittmuster mit der Bezeichnung „Stoffbruch" direkt an die Stofffalte, also den Bruch, an. Am Stoffbruch wird keine Nahtzugabe hinzugegeben! Nach dem Ausschneiden und Auffalten habt ihr ein symmetrisches, doppelt so großes Schnittteil.
Spiegelverkehrte Teile, wie z. B. Ärmel, werden in doppelter Stofflage gegengleich zugeschnitten. Dabei wird der Stoff wieder entlang des Fadenlaufs gefaltet. Das Schnittmuster wird hier aber nicht an die Faltlinie angelegt, sondern ringsherum mit Nahtzugabe zugeschnitten. Zwei Schnittteile entstehen.

Nahtzugaben sind an allen Stellen nötig, die später vernäht werden. Die Nahtzugabe wird also den ursprünglichen Abmessungen des Schnittes hinzugefügt und verschwindet später in der Naht. Damit diese Rechnung genau aufgeht, ist es wichtig, die gewählte Nahtzugabe auch einzuhalten. Fügt ihr also 1 cm hinzu, verläuft die Naht 1 cm vom Stoffrand entfernt. Saumzugaben werden an der unteren Kante des Stoffs hinzugefügt. Die Zugabe wird komplett umgeschlagen, in das Kleidungsstück hineingebügelt und festgenäht. Diese kann offenkantig, also einlagig, oder doppelt umgeschlagen gearbeitet werden. Die hinzugefügte Saumzugabe sollte bei geraden Säumen ca. 2–3 cm betragen und bei runden Säumen 1,5 cm.

## STECKEN UND BÜGELN

Lasst die Papierteile vorerst auf den zugeschnittenen Stoffteilen. Die Schnittmuster nehme ich immer erst dann ab, wenn es wirklich sein muss, denn man verwechselt bei Uni-Stoffen gerne mal Vorder- und Rückseite des Schnittteils. Prüft, ob alle benötigten Schnittteile zugeschnitten sind und ob alle Markierungen korrekt übertragen wurden.
Bevor es endlich losgeht und die einzelnen Teile zusammengenäht werden, solltet ihr die Kanten, die zusammengehören, sorgfältig zusammenstecken.
Die Stecknadeln dabei entweder im rechten Winkel zur späteren Naht oder in Nährichtung setzen. Ihr stecht sie so ein, dass das Köpfchen der Stecknadel auf der Seite liegt, die später beim Nähen oben liegt. Auf diese Weise könnt ihr sie während des Nähens einfach herausziehen und beiseitelegen.
Beim Nähen mit der Overlock-Maschine solltet ihr darauf achten, dass die Stecknadeln niemals im Nähgut bleiben, denn diese würden das Messer beschädigen. Zieht die Stecknadeln hier heraus, sobald ihr ihnen mit der Nadel näher kommt.
Nach jedem wichtigen Schritt bügelt euer Werk. So lassen sich kleinere Wellen, die durchaus mal entstehen können, glätten. Wie ihr kleine Wellen richtig ausbügelt, könnt ihr auf Seite 18 unter „Transport" nachlesen.

GUT GEBÜGELT IST HALB GENÄHT

# Nähgrundlagen

**Hier einige Tipps und Basistechniken, die ihr beim Nähen – an der Overlock oder nicht – immer wieder brauchen werdet. Für die Nähprojekte des Buchs werden sie immer wieder eingesetzt.**

## HEFTEN

An schwierigen Stellen, oder wenn mehrere Stofflagen zusammengenäht werden müssen, ist es hilfreich, die Arbeit vorher mit einer Heftnaht vorzubereiten. Diese wird mit der Hand gemacht und zeichnet sich durch lange Stiche aus. Am besten mit Baumwollgarn nähen, damit der Faden hinterher leicht wieder herausgenommen werden kann.

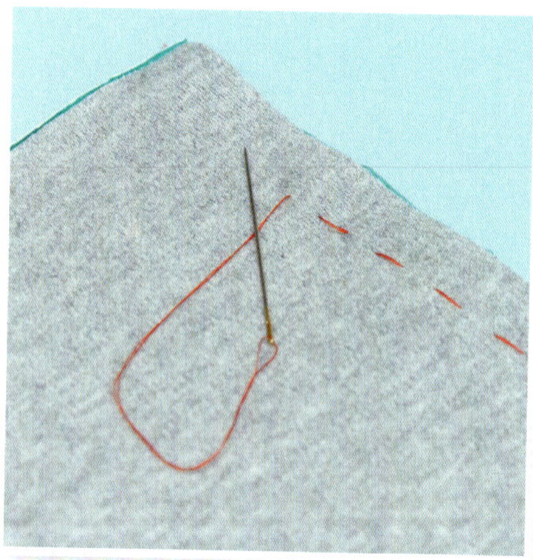

HEFTEN

## ZAUBERSTICH

Der Matratzenstich dient dem unsichtbaren Schließen von Wendeöffnungen, z. B. an Halstüchern und Mützen.

1. Bügelt zuerst die Nahtzugaben der Wendeöffnung nach innen und fädelt in eine feine Nähnadel ein farblich passendes Garn. Verknotet die Enden miteinander (hier zur Anschauung rot).
2. Von der Innenseite beginnend, steckt die Nadel auf einer Seite genau in die Bügelkante, sodass das Fadenende im Nähgut liegt. Stecht sie nun genau gegenüber auf der anderen Seite in die Kante ein und ein paar Millimeter versetzt auf derselben Seite wieder aus.
3. Danach wieder auf der ersten Seite einstechen und ein wenig versetzt wieder raus. Diese Schritte so oft wiederholen, bis die Wendeöffnung geschlossen ist. Zwischendurch könnt ihr leicht am Faden ziehen, dann schließt sich die Naht unsichtbar, wie von Zauberhand. Daher wird dieser Stich auch oft „Zauberstich" genannt. Die Fadenenden zum Abschluss noch mit ein paar Stichen vernähen.

ZAUBERSTICH

## DRUCKKNÖPFE

Für Maschenware benutzt unbedingt Jersey-Druckknöpfe. Diese können mit der Zange oder dem mitgelieferten Werkzeug gesetzt werden.

1. Markiert die Stellen für die Druckknöpfe und verstärkt sehr dünnen Jersey mit einem Vlies. Setzt zuerst den Druckknopf mit der Wölbung.
2. Legt die andere Seite passgenau auf diesen Druckknopf und markiert durch Aufdrücken des Knopfes die Stelle, an der das zweite Teil gesetzt werden soll. Setzt dann das zweite Teil des Druckknopfes auf die markierte Stelle.

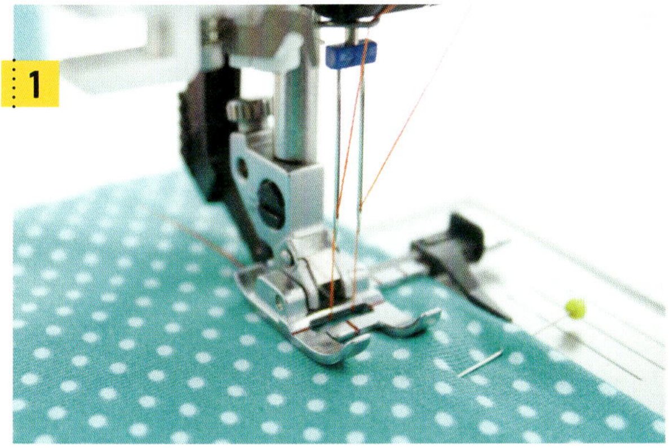

## NÄHEN MIT DER ZWILLINGSNADEL

… ein professioneller Look für elastische Säume, verspielte Ziernähte und einfaches Absteppen.

1. Setzt eine Zwillingsnadel ein und fädelt dann nacheinander beide Nadeln ein: Die meisten Maschinen haben einen zweiten Garnrollenhalter, den braucht ihr nun. Führt den Faden entsprechend der Bedienungsanleitung zur Nadel.
2. Stellt die Nadel auf einen langen Geradstich ein und achtet darauf, dass sie stets in mittlerer Position bleibt. Lockert die Fadenspannung deutlich. Auf der Oberseite ist eine exakt verlaufende Doppelnaht zu sehen, während auf der Unterseite die Fäden einen Zickzack bilden.

Mit etwas Übung können auch Zierstiche mit der Zwillingsnadel genäht werden.

# Saum- und Versäuberungsvarianten

**Um zwei Dinge geht es beim Nähen: Zum einen werden die Grundelemente aneinandergefügt. Zum anderen werden die Kanten verarbeitet – z. B. der Halsausschnitt. Dazu gibt es vielfältige Möglichkeiten.**

## SAUMVARIANTEN

Die einfachsten Saumvarianten sind der geschlossene Saum, der auch als doppelter Saum bekannt ist, und der offene Saum, den man auch einfacher Saum nennt. Um eine Variante des offenen Saums handelt es sich beim runden Saum, der als Abschluss von Kleidern und Röcken gearbeitet werden kann.
In den offenen sowie in den geschlossenen Saum kann ein Gummiband eingezogen werden. Wie das geht, wird bei der Chinohose auf Seite 84 erklärt.
Ein Rollsaum ist eine sehr schöne Art, ein Kante mit der Overlock zu verarbeiten. Die Einstellungen dazu findet ihr im Handbuch eurer Overlock. Rechts zeige ich euch, wie man den Rollsaum an der Overlock arbeitet. Rollsäume können auch mit der Haushaltsnähmaschine genäht werden. Dafür wird entlang des Saums ein eng eingestellter Zickzackstich genäht und der Stoff beim Nähen stark gezogen. Reicht das nicht, kann ein weiteres Mal über den Saum genäht werden.

## VERARBEITUNGSVARIANTEN

Bündchen können aus Bündchenstoff oder Rippen-Jersey gearbeitet werden (siehe Seite 13). Bündchenstoff kann in seiner Dehnbarkeit stark variieren. Alle Schnittmuster für die Bündchen dieses Buchs sind auf einen gut dehnbaren Bündchenstoff ausgelegt.
Ist euer Stoff sehr weich und somit stark elastisch, sollte das Bündchen schmaler zugeschnitten werden. Wenn der Stoff wiederum sehr fest und weniger elastisch ist, schneidet das Bündchen 1 bis 2 cm breiter zu.
Regulär werden nicht tragende Bündchen, z. B. für Öffnungen an Hals und Armen, mit 80 % der Strecke berechnet. Für tragende Bündchen, also z. B. Bauchbündchen an Röcken und an Hosen, werden dagegen 75 % des Körpermaßes berechnet.
Eine ebenfalls sehr häufige Variante der Saumverarbeitung ist das Einfassen mit Jerseystreifen oder selbst hergestelltem oder fertig gekauftem Schrägband. Aus dem Hauptstoff zugeschnitten, passt die Einfassung mit dem Stoffstreifen perfekt zum gewählten Stoff. Aber auch fertig gefalztes Schrägband gibt es in allerhand hübschen Varianten zu kaufen.
Beim Einfassen mit Jerseystreifen oder Schrägband habt ihr die Wahl zwischen der offenen und der geschlossenen Verarbeitung.
Für Mützen und Fäustlinge ist ein Bindeband unerlässlich, damit alles an Ort und Stelle bleibt und nicht verloren geht. Aber auch als eingearbeiteter Gürtel lässt sich ein Bindeband mit in die Naht fassen und ist zum Schleifchen gebunden ein süßes Detail.
Dehnbare Paspeln passen perfekt zu sportlichen Pullis und zu verspielten Röcken. Sie können in jeder Naht mitgefasst werden und betonen diese so. Ist die passende dehnbare Paspel nicht zur Hand, könnt ihr einfach einen zusammengefalteten Jerseystreifen mitfassen oder eine Paspel selbst herstellen. Wer erst mal die Angst vor der Paspel verliert und den einfachen Trick zum sauberen Annähen von Paspeln befolgt (siehe Seite 28), wird der Paspelliebe auf ewig verfallen.
Um Nahtzugaben oder Belege zu fixieren oder einen Saum einfach nur zu verzieren, könnt ihr eine Ziernaht aufbringen.
Framilonband ist ganz weich und piekst nicht beim Tragen! Es eignet sich perfekt zum Raffen von Stoff. Im ungedehnten Zustand kann es übrigens gut in Nähte eingearbeitet werden, die dauerhaft nicht ausleiern sollen, z. B. Schulterkanten. Wenn kein Framilonband zur Hand ist, kann man Raffungen auch einfach mit zwei parallel gehefteten Fäden arbeiten.

Naht- und Saumzugaben sind bei allen Schnittmustern auf den beiliegenden Bogen nicht enthalten, denn sie variieren je nach gewünschter Verarbeitungsart. Ich gebe euch hier Empfehlungen, die ihr nach Belieben ändern könnt.

## GESCHLOSSENER SAUM

1. Gebt 3 cm Saumzugabe hinzu. Schlagt den Stoff um 1 cm zur linken Stoffseite um. Schlagt den Stoff erneut 2 cm zur linken Stoffseite um.
2. Näht den Saum am oberen Rand knappkantig fest. Verwendet dazu einen dehnbaren Stich, z. B. den Zickzackstich.

## OFFENER SAUM

1. Gebt 2 cm Saumzugabe beim Zuschnitt dazu. Versäubern ist nicht notwendig.
2. Schlagt den Stoff 2 cm zur linken Stoffseite um.
3. Näht den Saum am oberen Rand knappkantig mit einem dehnbaren Stich, z. B. dem Zickzackstich, an.

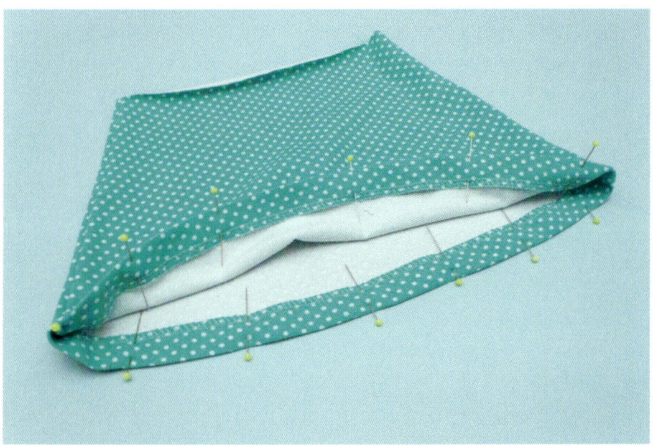

## RUNDER SAUM

Ausgangspunkt ist ein offener Saum.

1. Gebt hier 1,5 cm Saumzugabe dazu.
2. Versäubert die Saumkante mit einer Overlock-Naht. Der Differenzialtransport wird dabei ein wenig hochgestellt, der Saum zieht sich zusammen und lässt sich perfekt in das Kleidungsstück hineinlegen.
3. Näht den Saum mit einem dehnbaren Stich an.

## ROLLSAUM

1. Entfernt die linke Nadel eurer Overlock.
2. Stellt die Stichbreite auf das Minimum ein. Die Stichlänge, welche hier die Dichte der Naht ausmacht, sollte auch ganz heruntergestellt werden.
3. Verringert den Differenzialtransport beim Säumen.
4. Dehnt den Stoff beim Nähen, so ergeben sich die Wellen.

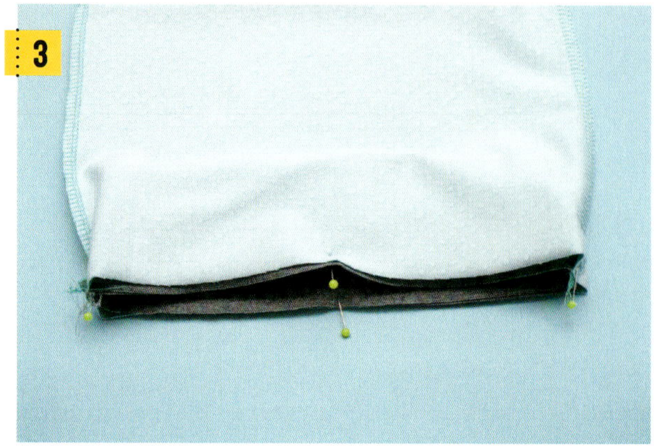

BÜNDCHEN

1. Faltet das Bündchen rechts auf rechts entlang des Fadenlaufs und näht es zum Ring zusammen – entweder mit der Overlock oder z. B. einem Dreifachgeradstich der Nähmaschine.
2. Stülpt das Bündchen um, es ist nun nur noch halb so hoch, die rechte Seite liegt außen. Die Nähte liegen dabei exakt übereinander. Die offenen Kanten werden im nächsten Schritt angenäht.
3. Nun teilt das Bündchen sowie den Ausschnitt, an den es angenäht wird, in gleichmäßige Hälften oder Viertel. Stülpt es anhand dieser Hilfspunkte über das auf rechts gedrehte Kleidungsstück beziehungsweise steckt es in das auf links gedrehte Kleidungsstück hinein.
4. Beim Annähen arbeitet euch abschnittsweise vor. Dehnt dabei nur das Bündchen.

**Tipp**

In Rundungen werden Bündchen gleichmäßig gedehnt eingenäht. Leichtes Dehnen des Bündchens reicht an geraden Strecken. An nach außen gewölbten Rundungen wird es ungedehnt angenäht.

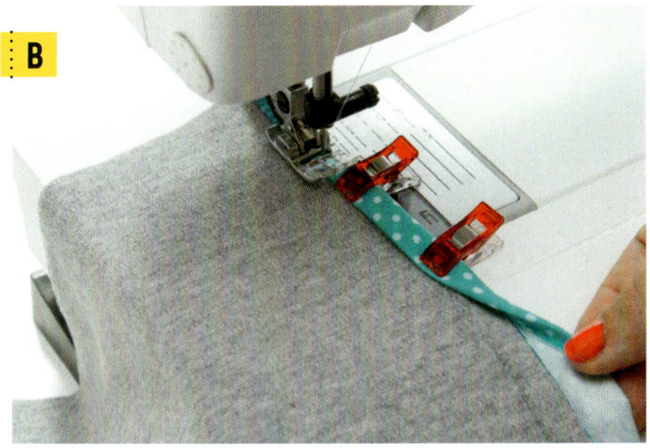

## EINFASSEN MIT JERSEYSTREIFEN

### Geschlossene Einfassung

1. Schneidet einen Streifen aus Jersey von 4 cm Höhe zu. Die Länge des Streifens beträgt 90 % der einzufassenden Kante.
2. Näht den Streifen leicht gedehnt rechts auf rechts auf die Kante, die Naht verläuft 1 cm vom Rand entfernt (Abb. A). An nach außen gewölbten Rundungen wird der Streifen nicht gedehnt!
3. Faltet den Streifen um die Nahtzugabe herum auf die Rückseite des Stoffs.
4. Klappt jetzt die offene Kante des Streifens zur Stoffkante hin um (Abb. B).
5. Ob ihr den Streifen nun von der linken oder rechten Seite annäht, ist Geschmackssache.
6. Ich nähe von links mit einem flachen Zickzackstich in farblich passendem Garn (Abb. C).

### Offene Einfassung

1. Verfahrt wie bei der geschlossenen Einfassung bis Punkt 3.
2. Näht von der rechten Seite knappkantig den Jerseystreifen mit einem Zickzackstich fest.
3. Schneidet auf der Rückseite den überstehenden Streifen ab (Abb. D).

**Tipp**

Für Projekte, bei denen sehr voluminöse Stoffe eingefasst werden sollen, schneide ich den Jerseystreifen lieber breiter, z. B. 4,5 cm breit, zu.

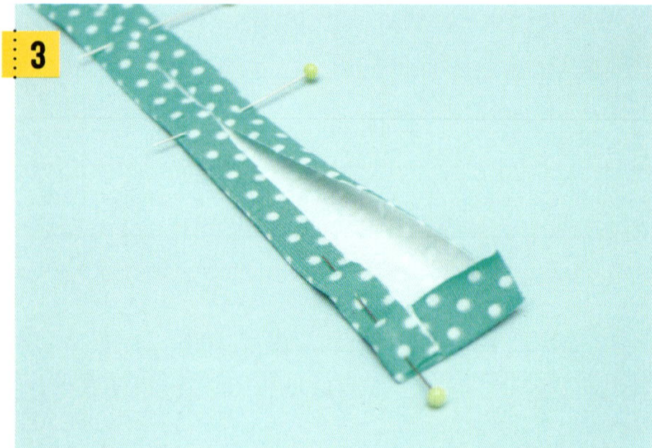

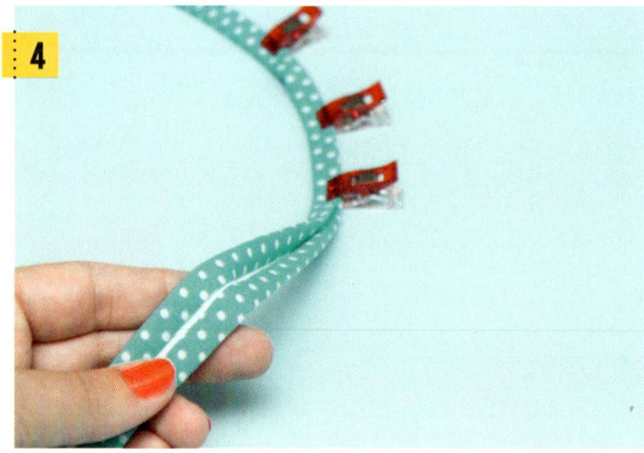

## BINDEBAND EINNÄHEN

1. Schneidet einen Streifen aus Jersey von 4 cm Höhe zu. Die Länge passt ihr nach Bedarf an.
2. Faltet den Streifen längs und bügelt ihn etwas flach. Faltet ihn dann wieder auf.
3. Faltet die offenen Längskanten zur Mitte hin, sodass sie aufeinandertreffen. Faltet das Ende, welches nicht eingenäht wird, ebenfalls um. Klappt den Streifen dann wieder längs zusammen.
4. Näht den Streifen längs zu einem Band zusammen. Dazu verwendet ihr am besten einen Zickzackstich. Ihr erhaltet ein Bindeband von 1 cm Breite.
5. Legt das Bindeband mit dem offenen Ende in die Naht, in der es mitgefasst werden soll. Die langen Enden des Bands zeigen dabei nach innen.

## PASPEL EINNÄHEN

1. Näht die Paspel auf der rechten Stoffseite an. Nehmt den dehnbaren Geradstich eurer Haushaltsnähmaschine. Die Paspelschnur zeigt zur Mitte des Nähstücks, das Paspelband in Richtung Stoffkante. Die Naht muss direkt neben der Paspelschnur liegen. Verwendet am besten den Reißverschlussfuß.
2. Bei runden Nähstücken werden Anfang und Ende einer Paspel schräg nach unten gelegt.
3. Legt die Stoffe eurer Arbeit rechts auf rechts. Die Paspel liegt nun zwischen den Stoffen.
4. Näht die Stoffe mit dem dehnbaren Geradstich eurer Haushaltsnähmaschine genau auf der Naht, mit der in Punkt 1 die Paspel angenäht wurde, zusammen.
5. Versäubert die Nahtzugaben anschließend mit der Overlock, ohne über die genähte Naht zu nähen.

## EINE ZIERNAHT AUFBRINGEN

1. Versäubert und bügelt die Saumzugabe der Kante, auf der von rechts die Ziernaht aufgebracht werden soll. Wendet dann das Teil auf rechts.
2. Wählt einen elastischen Stich für Säume, die häufig gedehnt werden. Auch Zierstiche oder eine Naht mit Zwillingsnadel können toll aussehen.
3. Wählt die Nahtbreite passend zu dem darunterliegenden Beleg oder der Nahtzugabe, die ihr mitfassen werdet. Näht dann langsam von rechts entlang des Saums, der verziert wird.

## RAFFEN MIT FRAMILONBAND

1. Markiert den zu raffenden Bereich innerhalb der Nahtzugabe. Das Framilonband in der gewünschten Länge (fertige Breite nach Raffung + Nahtzugabe) zuschneiden und mit 1 cm Abstand zum Rand auf die Markierung setzen.
2. Den ersten Zentimeter ungedehnt annähen. Ab der Markierung das Framilonband gerafft mit Zickzackstich oder Dreichfachgeradstich festnähen. Nach der Markierung nochmals 1 cm ungedehnt festnähen (Abb A).

## RAFFEN MIT ZWEI FÄDEN

1. Näht mit der Haushaltsnähmaschine zwei Nähte innerhalb der Nahtzugabe mit dem längsten Geradstich. Anfang und Ende nicht vernähen.
2. Verknotet die Fäden auf einer Seite und schiebt auf der anderen Seite den Stoff auf dem Faden auf die gewünschte Länge. Enden verknoten (Abb B).

# Pimp your Shirt

**Mit diesen Ideen kann jede Art von Shirts, Pullovern und natürlich auch Hosen im Gemeinschaftsprojekt mit den Kindern so richtig toll individualisiert werden. So werden Klamotten zu Lieblingsstücken!**

1

2

MIT PLOTMOTIVEN

1. Wählt ein fertiges Plotmotiv aus oder erstellt selbst eines. Schneidet das Motiv aus z. B. Flock- oder Flexfolie mithilfe eines Schneideplotters spiegelverkehrt aus. Nun wird das Motiv entgittert. Mit einem spitzen Gegenstands wird die überflüssige Folie entfernt.
2. Das Plotmotiv vor dem Nähen auf dem Stoffstück platzieren. Das Motiv mit Backpapier abdecken und mit dem Bügeleisen auf das Kleidungsstück pressen. Temperatur und auch Presszeit sind abhängig von der gewählten Folie. Die Trägerfolie abziehen.

1

2

MIT FIGUREN AUS FOLIE

1. Auch ohne Schneideplotter können Shirts mit Folie aufgepeppt werden. Dazu mit einer Schere einfache Motive aus Folie ausschneiden, z. B. Origami-Motive.
2. Ordnet die Teile spiegelverkehrt mit der glänzenden Trägerfolie nach oben auf dem Kleidungsstück an. Zwischen Bügeleisen und Stoff ein leichtes Tuch oder Backpapier legen. Je nach Folienart Temperatur und Presszeit beachten und das Motiv festpressen.

## MIT TEXTILFARBE

Wenn ihr Textilfarbe oder -stifte auf dehnbaren Stoffen verwendet, solltet ihr den Stoff gut fixieren, damit sich beim Malen nichts verzieht. Dazu am besten das zugeschnittene Stoffstück leicht gedehnt auf einem Karton befestigen. Es gibt spezielle Farben für dunkle und helle Stoffuntergründe. Wählt die passende Farbe abhängig von der Stofffarbe.

1. Nun könnt ihr eurer Fantasie freien Lauf lassen. Zarte Linien gelingen am besten mit den Textilstiften, große Flächen können auch mithilfe von Schwämmchen getupft werden. Besonders viel Spaß machen Muster. Dazu verwendet z. B. Gabeln, getrocknete Zitronenhälften, Blätter und mehr. Die Farbe trocknen lassen und danach mit dem Bügeleisen ohne Dampf bei hoher Temperatur fixieren.

## MIT UNTERTEILUNGEN

1. Manchmal reicht als Highlight der Farbkontrast verschiedener Stoffe. Um den Effekt zu verstärken, können zusätzliche Unterteilungen vorgenommen werden, z. B. beim Ärmel auf Höhe der Kurzarm-Linie. Dazu das Schnittmuster des Ärmels ca. 3–5 cm unterhalb der Achsel teilen. Die Schnittteile werden separat aus verschiedenen Stoffen zugeschnitten. Wichtig ist, an der Schnittkante auf beiden Teilen eine Nahtzugabe hinzuzufügen!

2. Nun wird das Schnittteil an der Teilungslinie wieder zusammengesetzt. Beide Schnittteile also an der Teilungslinie bündig rechts auf rechts zusammennähen. Nach Belieben die Nahtzugabe auf der rechten Stoffseite absteppen. Dann nach Anleitung das Kleidungsstück anfertigen.

# Die richtige Größe wählen

**Das Nähprojekt ist in euren Köpfen schon fix und fertig, alles liegt bereit und am liebsten würdet ihr gleich loslegen – aber Halt! Welche Größe ist denn nun die richtige?**

## KONFEKTIONSGRÖSSEN NACH KÖRPERGRÖSSE

Im Gegensatz zur Damenbekleidung, wo die Größen in die Weite wachsen, werden Kindergrößen anhand der sich verändernden Körpergröße gradiert. Dabei wird stets von einem Durchschnittswert für die Körperbreite ausgegangen.
Wichtig ist, dass ihr Folgendes beachtet: Die Kleidung sitzt ideal, wenn Körpergröße und Konfektionsgröße übereinstimmen! Das heißt, für ein Kind mit einer Körpergröße von 1,40 m wählt ihr die Konfektionsgröße 140. Würdet ihr sicherheitshalber eine Nummer größer wählen, würde das Kleidungsstück zu groß sein. Natürlich gilt dabei immer: lieber zu groß als zu klein. Aber was macht man mit dem schönen Sommerkleidchen, wenn es erst im November richtig passt? Ein einfacher Trick ist, ein ähnliches, gut sitzendes Kleidungsstück auf das gewählte Schnittmuster aufzulegen und zu vergleichen.

## ANPASSUNGEN FÜR KRÄFTIGERE KINDER

Bei Oberteilen wählt ihr eine bis zwei Konfektionsgrößen größer als die eigentliche Größe laut Körpergröße für Ausschnitt, Schulter und Armkugel. Verkürzt die Gesamtlänge dann auf das Maß der eigentlichen Größe. Die Ärmel werden ebenfalls in der größeren Größe zugeschnitten und in der Länge angepasst.
Für Hosen, Röcke und dergleichen gilt die gleiche Vorgehensweise: In der Breite auf die größere Konfektionsgröße gehen und dann die Länge, z. B. die Beine, entsprechend verkürzen.

Anliegende Schnittteile wie Bündchen, Kapuze oder Belege werden jeweils in der Größe gewählt wie auch der Ausschnitt, an den sie angenäht werden.

## ANPASSUNGEN FÜR SCHMALERE KINDER

Bei Oberteilen wählt ihr eine bis zwei Konfektionsgrößen kleiner als die eigentliche Größe laut Körpergröße für Ausschnitt, Schulter und Armkugel. Verlängert die Gesamtlänge dann auf das Maß der eigentlichen Größe. Die Ärmel werden ebenfalls in der kleineren Größe zugeschnitten und in der Länge angepasst. Für Hosen, Röcke und dergleichen gilt die gleiche Vorgehensweise: In der Breite auf die kleinere Konfektionsgröße gehen und dann die Länge, z. B. die Beine, verlängern.

**Tipp**

Versucht niemals, eine Anpassung über das Weglassen oder Erweitern der Nahtzugabe zu erzielen! Das verfälscht den Schnitt und führt zu schlechten Ergebnissen. Die Nahtzugabe sollte immer genau so hinzugefügt werden, wie sie auch benötigt wird.

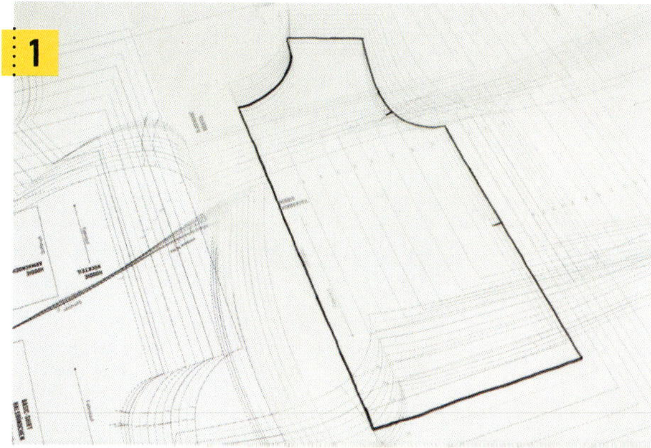

## FÜR KRÄFTIGE KINDER

1. Paust das Schnittteil 1–2 Größen größer als der Körpergröße entsprechend ab. Übertragt ebenso alle Markierungen.

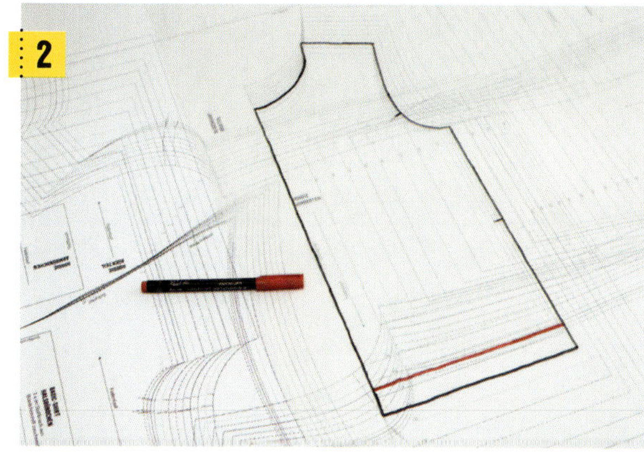

2. Kürzt das Schnittmuster dann wie hier anhand der roten Linie gezeigt auf die ursprüngliche Größe. Schneidet nun nach dem angepassten Schnittmuster das Schnittteil normal mit Naht- und Saumzugaben zu.

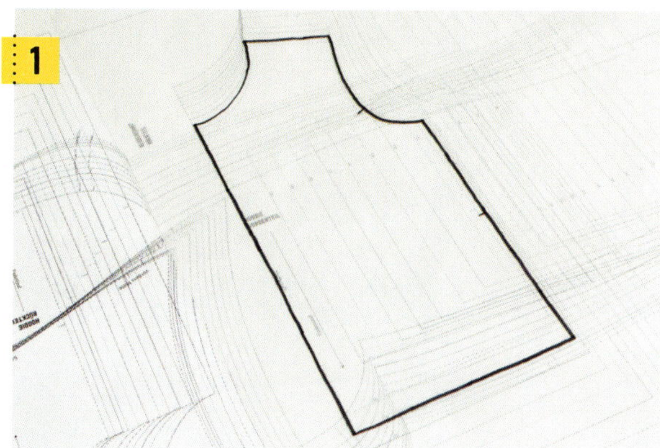

## FÜR SCHMALE KINDER

1. Paust das Schnittteil 1–2 Größen kleiner als der Körpergröße entsprechend ab. Übertragt ebenso alle Markierungen.

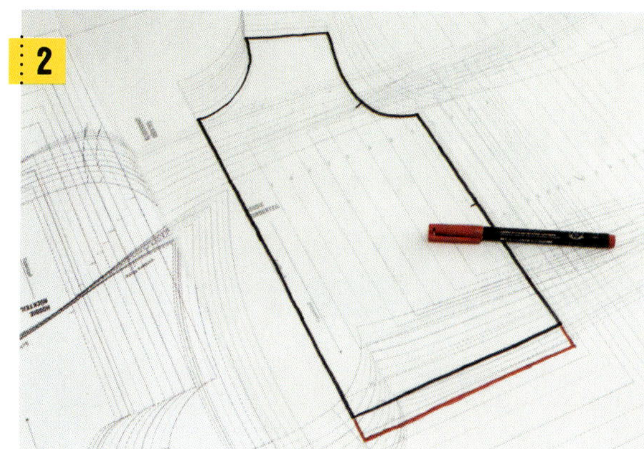

2. Verlängert das Schnittmuster wie hier anhand der roten Linie gezeigt auf die ursprüngliche Größe. Schneidet nun nach dem angepassten Schnittmuster das Schnittteil normal mit Naht- und Saumzugaben zu.

# Projekte

Leichte und warme Oberteile, allerhand Hosen, Kleidchen und ein schicker Overall, Accessoires für den bunten Alltag. Fast alle Oberteile und Hosen in diesem Kapitel sind in Schnitt und Design für Jungs und Mädchen konzipiert und unisex zu tragen. Individuelle Stoffkombis machen die Modelle femininer oder jungshafter im Look, schlicht und farbig reduziert oder kunterbunt in Lieblingsfarben.

- Schnelles Shirt
- Basic-Shirt
- Raglanshirt
- Blusenshirt
- Poloshirt
- Pulloverkleid
- Sweatjacke
- Hoodie
- Chinohose
- Pumphose
- Shorts
- Leggins
- Overall
- Latzrock
- Sonntagskleid
- Mädchenrock
- Wendebeanie
- Dreieckstuch
- Wendestulpen
- Turnbeutel

# Schnelles Shirt

Dieses Shirt besteht lediglich aus zwei Teilen, daher ist es ratzfatz genäht. Und weil es so schön schnell fertig ist, kann man gleich ein paar mehr nähen, in allen aktuellen Lieblingsfarben.

## Was wird gebraucht

| **Stoffbreite 1,4 m** | bis Gr. 116 | bis Gr. 140 | bis Gr. 164 |
|---|---|---|---|
| Jersey | 55 cm | 60 cm | 65 cm |
| leichter Jersey | 10 cm | 10 cm | 10 cm |

## Zuschneiden

- Schnelles Shirt Vorderteil (SB 1): 1 × im Stoffbruch aus Jersey zuschneiden
- Schnelles Shirt Rückteil (SB 1): 1 × im Stoffbruch aus Jersey zuschneiden
- Schnelles Shirt Halsbündchen (SB 1): 1 × im Stoffbruch aus leichtem Jersey zuschneiden
- Schnelles Shirt Armbündchen (SB 1): 2 × im Stoffbruch aus leichtem Jersey zuschneiden

## Varianten

Ganz besonders schick wird das Shirt, wenn in den Ausschnitt zwischen Bündchen und Shirt noch eine dehnbare Paspel eingenäht wird. Das Shirt kann auch mit einem Beleg genäht werden, dieser ist ebenfalls auf dem Schnittbogen 1 zu finden!

**Tipp**

Für die Rollbündchen wird ein leichter (Single-)Jersey verwendet. Ideal eignet sich ein Stoff, der sich bereits beim Zuschneiden leicht einrollt.

## So geht's

1. Vorder- und Rückteil rechts auf rechts aufeinanderstecken. Dabei darauf achten, dass die Armrundungen exakt zusammentreffen.
2. Beide Teile an den Schultern und Seitenlinien mit einem dehnbaren Stich zusammennähen. Schon ist das Grundshirt fertig! Zuletzt die Abschlüsse versäubern.

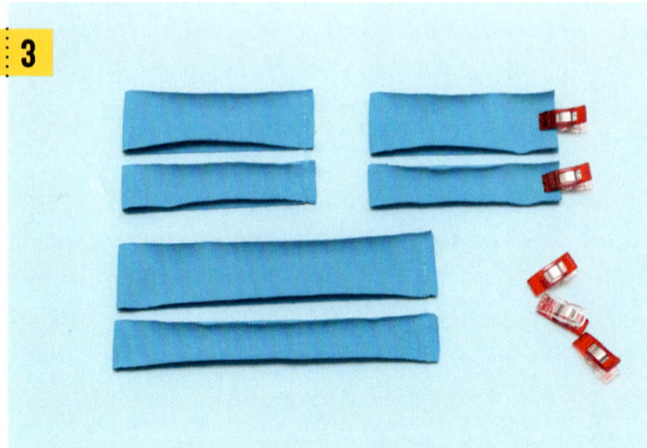

3. Hals- und Armbündchen entlang der gestrichelten Linie in der Höhe teilen. Dann alle sechs Bündchen links auf links (Achtung!) falten und mit einem dehnbaren Stich zusammennähen. Damit die Naht später besser in den Rollen verschwindet, einen Dreifachgeradstich verwenden.
4. Das schmalere Halsbündchen über das breitere stülpen, dabei zeigen beide rechten Seiten nach oben. Das doppelte Halsbündchen und den Ausschnitt jeweils mit Nadeln in vier gleiche Teile unterteilen.

5. Anhand der Markierungen das Bündchen in den Ausschnitt stecken, die Bündchennaht trifft auf die hintere Mitte des Ausschnitts. Das schmalere Halsbündchen liegt zwischen dem Shirt und dem breiteren Halsbündchen. Die Halsbündchen mit einem dehnbaren Stich annähen.
6. Danach den Ausschnitt vorsichtig dehnen, bis sich die Bündchen wie auf dem Bild auf die rechte Seite einrollen. Wenn sich die Naht nicht gut einrollt, diese von Hand einrollen und mit ein paar Stichen oder Textilkleber fixieren.

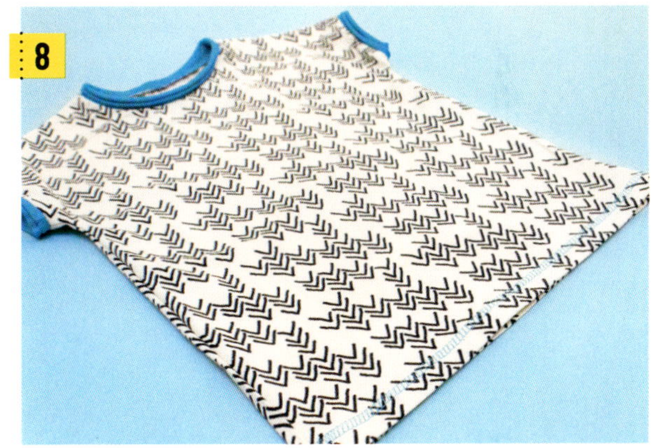


7. Die Armbündchen wie das Halsbündchen vorbereiten und festnähen. Die Naht der Bündchen trifft auf die Seitennaht.
8. Nun noch das Shirt wie in der Grundanleitung säumen. Passend zum coolen Stil des Shirts einen Overlock-Stich für die Saumnaht verwenden.

# Basic-Shirt

Ein Shirt, genäht wie vom Profi! Durch den Versäuberungsstreifen am Ausschnitt wird dieses Allround-Shirt meisterhaft perfekt! Und durch immer neue Farb- und Musterkombis wird es nie langweilig.

## Was wird gebraucht

| **Stoffbreite 1,4 m** | bis Gr. 116 | bis Gr. 140 | bis Gr. 164 |
|---|---|---|---|
| Jersey | 55 cm | 110 cm | 125 cm |
| Bündchenstoff | 10 cm | 10 cm | 10 cm |

- Jerseystreifen in der Länge des hinteren Ausschnitts mit 3 cm Höhe

## Zuschneiden

- **Basic-Shirt/Poloshirt Vorderteil (SB 3):** 1 × im Stoffbruch aus Jersey zuschneiden
- **Basic-Shirt/Poloshirt Rückteil (SB 3):** 1 × im Stoffbruch aus Jersey zuschneiden
- **Basic-Shirt Ärmel (SB 2):** 2 × gegengleich aus Jersey zuschneiden
- **Basic-Shirt Halsbündchen (SB 2):** 1 × im Stoffbruch aus Bündchenstoff zuschneiden

## Variante

Das Longshirt kann ebenfalls mit einem frühlingshaften Ärmel in ¾-Länge genäht werden. Sommerlich wird es in Kombination mit den kurzen Ärmeln des Poloshirts.
Für mädchenhaft verspielte Shirts wählt ihr die Puffärmel des Shirtkleids oder die Tulpenärmel des Blusenshirts.

**Tipp**

Durch Applikationen oder kreative Plots werden diese Shirts garantiert zum Lieblingskleidungsstück!

## So geht's

1

3

2
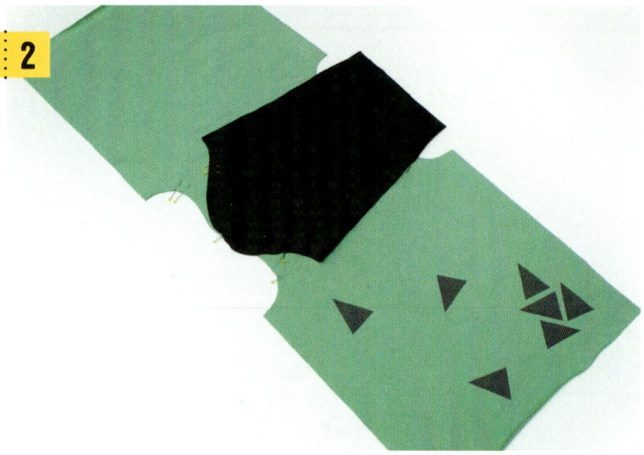

4
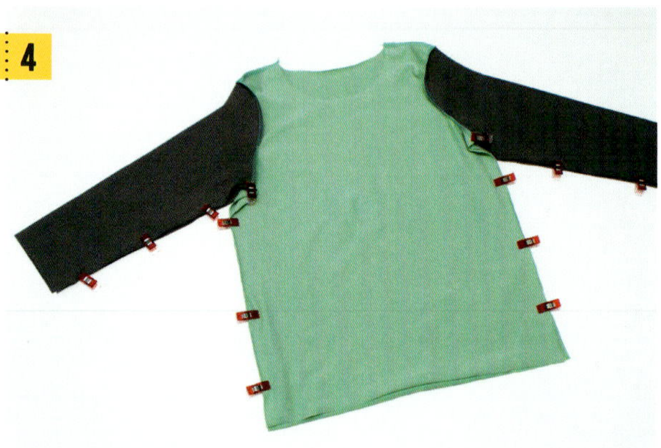

1. Als Erstes alle Markierungen mit Nadeln oder kleinen Knipsen innerhalb der Nahtzugabe kennzeichnen. Dann Vorder- und Rückteil rechts auf rechts aufeinanderlegen und an den Schultern zusammenstecken. Beide Teile mit dehnbaren Nähten an den Schultern verbinden.
2. Einen Ärmel rechts auf rechts anhand der Schultermarkierungen auf das aufgeklappte Shirt stecken. Darauf achten, dass das vordere Ärmelteil zum Vorderteil zeigt und das hintere Ärmelteil zum Rückteil.
3. Anhand der weiteren Markierungen den Ärmel in die Armkugel stecken. Dann mit einem Versäuberungsstich den Ärmel einnähen.
4. Den zweiten Ärmel ebenso einnähen. Das Shirt rechts auf rechts falten und die untere Ärmelkante sowie die Seitenkanten zusammenstecken und mit einem dehnbaren Stich zusammennähen. Das Halsbündchen nach der Grundanleitung auf Seite 26 zum Ring zusammennähen, falten und in den Ausschnitt des auf links gedrehten Shirts stecken.

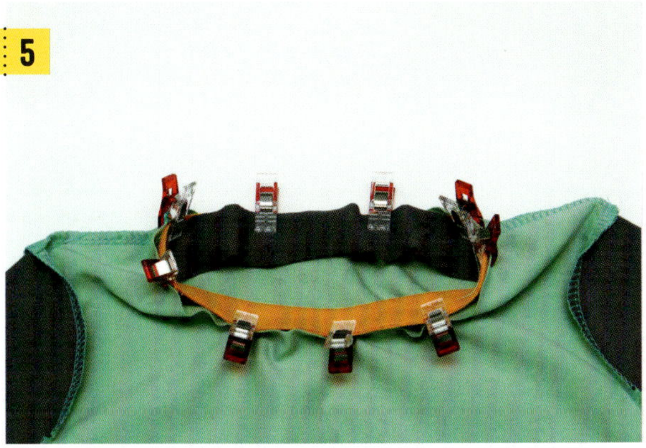

5. Für die einfache Variante das Halsbündchen jetzt einnähen. Perfektionisten bereiten einen Versäuberungsstreifen mit einer Höhe von 3 cm und in einer dem hinteren Ausschnitt entsprechenden Länge vor. Den Streifen nochmals um 2–3 cm kürzen. Dann gedehnt rechts auf rechts von Schulternaht zu Schulternaht über das Bündchen stecken.
6. Jetzt das gesamte Bündchen unter Dehnen mit einem Versäuberungsstich einnähen. Die hier sichtbare Overlock-Naht verschwindet im nächsten Schritt unter dem Jerseystreifen.
7. Den Versäuberungsstreifen um die Nahtzugabe herumklappen und am Rückteil des Shirts feststecken. Dabei darauf achten, dass für ein sauberes Ergebnis die Breite des übrig bleibenden Streifens gleichmäßig ist.
8. Nun den Streifen knappkantig mit einem Geradstich annähen, dazu eine zum Shirt passende Garnfarbe wählen, dann fällt diese Naht von außen nicht auf. Fertig ist der perfekte Ausschnitt! Jetzt noch Arm und Bauchabschluss nach der Grundanleitung auf Seite 25 säumen.

# Raglanshirt

Mit coolen Fake-Covernähten zählt dieses Modell zu den absolut angesagtesten Shirts! Diese Ärmelvariante wirkt sportlich und sitzt an den Schultern immer einwandfrei. Perfekt für Wachstumsphasen.

## Was wird gebraucht

| **Stoffbreite 1,4 m** | bis Gr. 116 | bis Gr. 140 | bis Gr. 164 |
|---|---|---|---|
| Jersey | 60 cm | 110 cm | 125 cm |
| Bündchenstoff | 15 cm | 15 cm | 15 cm |

## Zuschneiden

- **Raglanshirt Vorderteil (SB 1):** 1 × im Stoffbruch aus Jersey zuschneiden
- **Raglanshirt Rückteil (SB 1):** 1 × im Stoffbruch aus Jersey zuschneiden
- **Raglanshirt Ärmel (SB 1):** 2 × gegengleich aus Jersey zuschneiden
- **Raglanshirt Halsbündchen (SB 1):** 1 × im Stoffbruch aus Bündchenstoff zuschneiden
- **Raglanshirt Armbündchen (SB 1):** 2 × im Stoffbruch aus Bündchenstoff zuschneiden

## Variante

Für einen ganz besonderen Look liegen bei dieser Anleitung die Raglannähte außen. Das Shirt kann auch regulär rechts auf rechts zusammengenäht werden und wird so zum heiß geliebten Basic-Teil.

**Tipp**

Der sportliche Look des Raglanshirts lädt zu farbenfrohen Kombinationen ein. Ganz toll sehen hier auch die Rollbündchen vom schnellen Shirt als Halsabschluss aus!

## So geht's

1. Für die vorgetäuschten Covernähte den ersten Ärmel links auf links (Achtung!) entlang der Raglanteilung auf das Vorderteil legen und feststecken.
2. Mit einer Vier-Faden-Overlock-Naht oder einem Overlock-Stich zusammennähen. Dabei sollte der Ärmel oben liegen, damit die Oberseite der Overlock Naht später sichtbar ist.
3. Dann die Nahtzugabe auf das Vorderteil klappen und mit einem Dreifachgeradstrich in gleicher Garnfarbe wie die vorherige Naht festnähen. Hierbei versuchen, entlang des Sicherheitsfadens der Overlock-Naht zu nähen, so wird die Naht schön gleichmäßig.
4. Den zweiten Ärmel ebenso annähen. Auch hier darauf achten, dass der Ärmel beim Zusammennähen oben liegt. Die Nahtzugabe wieder auf das Vorderteil klappen und festnähen.

5. Nun das Rückteil nach dieser Vorgehensweise nacheinander an die beiden Ärmel nähen. Hier die außen liegende Nahtzugabe auf das Rückteil steppen.
6. Ab jetzt alle Nähte wieder rechts auf rechts arbeiten! Das Vorderteil rechts auf rechts auf das Rückteil legen und seitlich beide Teile sowie die Ärmel zusammenstecken. Nun entlang der Seitenlinien jeweils in einem Rutsch die gesteckten Teile zusammenfügen.
7. Die Hals- und Armbündchen nach der Grundanleitung auf Seite 26 zusammennähen, an das Shirt stecken und annähen.
8. Zum Schluss den unteren Abschluss nach der Grundanleitung auf Seite 25 umfalten und mit einem dehnbaren Stich umnähen.

# Blusenshirt

Dieses süße Shirt mit Bindeband und Tulpenärmeln lässt jedes Mädchenherz höherschlagen. Polka Dots machen Girls jeden Alters gute Laune und in neutralen Farben wirken sie auch nicht überzuckert.

## Was wird gebraucht

| **Stoffbreite 1,4 m** | bis Gr. 116 | bis Gr. 140 | bis Gr. 164 |
|---|---|---|---|
| Jersey | 55 cm | 60 cm | 65 cm |
| Einfassstreifen | 240 cm | 245 cm | 250 cm |

## Zuschneiden

- **Blusenshirt Vorderteil (SB 2):** 1 × im Stoffbruch aus Jersey zuschneiden
- **Blusenshirt Rückteil (SB 2):** 1 × im Stoffbruch aus Jersey zuschneiden
- **Blusenshirt vorderer Ärmel (SB 2):** 2 × gegengleich aus Jersey zuschneiden
- **Blusenshirt hinterer Ärmel (SB 2):** 2 × gegengleich aus Jersey zuschneiden
- **Blusenshirt Beleg (SB 2):** 1 × aus Jersey zuschneiden
- 1,2 m Einfassstreifen mit 4 cm Höhe für die Schleife
- 2 × 0,6 m lange Einfassstreifen mit 3 cm Höhe für die Ärmeleinfassung zuschneiden

## Variante

Der Puffärmel des Sonntagskleids lässt sich prima hiermit kombinieren. Für die kältere Jahreszeit passt der lange Arm vom Basic-Shirt perfekt!

**Tipp** Beim Zuschneiden alle einzufassenden Strecken ohne Nahtzugabe zuschneiden.

## So geht's

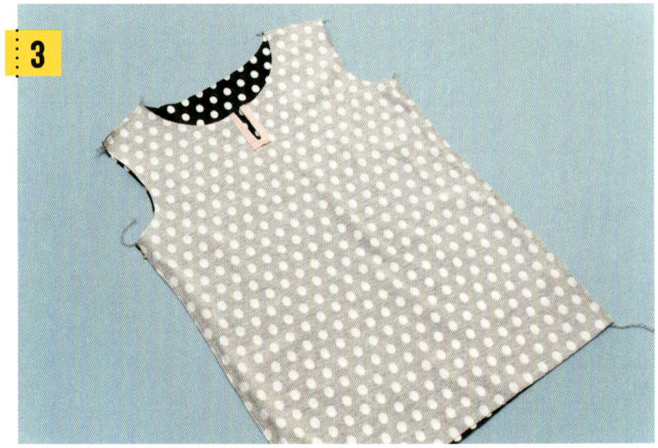

1. Den Beleg mit einem Geradstich rechts auf rechts auf das Vorderteil nähen. Dazu im Abstand von 3 mm um die Mittellinie herumnähen, sodass ein Rechteck entsteht. Entlang der Mittellinie nun den Beleg einschneiden, am unteren Rand Y-förmig bis an die Naht heranschneiden.
2. Den Beleg auf die linke Seite falten und bügeln. Dann diesen mit einem Abstand von ca. 1 cm absteppen und die Nahtzugabe bis auf ein paar Millimeter zurückschneiden.
3. Vorder- und Rückteil rechts auf rechts aufeinanderlegen und an den Schultern sowie an den Seitenlinien mit einem dehnbaren Stich zusammennähen.
4. Im nächsten Schritt jeweils einen vorderen und hinteren Ärmel an der geraden Seite bündig zusammenstecken und dann mit einem dehnbaren Stich zusammennähen.

5. Die untere Ärmellinie mit einem 3 cm hohen Einfassstreifen versäubern. Dazu die offene Einfassung (siehe Grundlagen Seite 27) verwenden. Den Ärmel so zusammenfalten, dass die beiden Schultermarkierungen übereinanderliegen. Der hintere Ärmel liegt dabei oben. Die Überlappung innerhalb der Nahtzugabe mit einer Heftnaht fixieren.
6. Die Ärmel rechts auf rechts in die Ärmelrundungen stecken und darauf achten, dass der vordere Ärmel an das Vorderteil und der hintere an das Rückteil kommt. Beide Ärmel mit einer dehnbaren Naht annähen.
7. Den Einfassstreifen mittig rechts auf rechts an den Halsausschnitt annähen. Dann den Streifen falten (siehe Geschlossene Einfassung in der Grundanleitung, Seite 27). Alles gut feststecken. Der Streifen läuft über den Ausschnitt hinaus und wird so zum Bindeband. Die Enden des Jerseystreifens nach innen falten, damit diese sauber abschließen.
8. Den Einfassstreifen mit einem dehnbaren Stich festnähen. Der Ausschnitt ist nun schön verarbeitet. Im letzten Schritt den unteren Abschluss säumen.

# Poloshirt

Das klassische Poloshirt mit Knopfleiste und Kragen ist eine kleine Herausforderung, die aber niemand fürchten muss. Mit Mut und Geduld wird auch diese Unternehmung an der Nähmaschine ein Erfolg!

## Was wird gebraucht

| **Stoffbreite 1,4 m** | bis Gr. 116 | bis Gr. 140 | bis Gr. 164 |
|---|---|---|---|
| Jersey | 55 cm | 60 cm | 65 cm |
| fester Jersey oder Vlieseline | 30 cm | 30 cm | 30 cm |

3 Jersey-Druckknöpfe

## Zuschneiden

- **Basic-Shirt/Poloshirt Vorderteil (SB 3):** 1 × im Stoffbruch aus Jersey zuschneiden
- **Basic-Shirt/Poloshirt Rückteil (SB 3):** 1 × im Stoffbruch aus Jersey zuschneiden
- **Poloshirt Ärmel (SB 7):** 2 × gegengleich aus Jersey zuschneiden
- **Poloshirt Knopfleiste (SB 7):** 2 × aus festem Jersey zuschneiden
- **Poloshirt Steg (SB 7):** 2 × im Stoffbruch aus festem Jersey zuschneiden
- **Poloshirt Kragen (SB 7):** 2 × im Stoffbruch aus festem Jersey zuschneiden

## Variante

Das Poloshirt kann auch mit dem langen Ärmel des Basic-Shirts genäht werden. So eignet es sich auch prima für kühlere Herbst- und Frühlingstage.

**Tipp**

Wähle für Kragen, Steg und Knopfleisten einen festeren Jersey, z. B. einen Romanit-Jersey. Dann musst du diese Teile nicht noch extra verstärken.

## So geht's

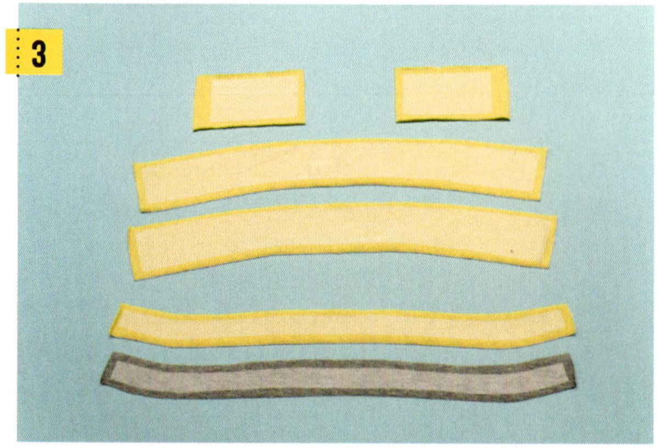

1. Das Vorderteil des Poloshirts mit der linken Seite nach oben legen. Die Hilfslinien für die Knopfleiste mit einem Trickmarker oder mit Schneiderkreide markieren. Dabei ist exaktes Anzeichnen sehr wichtig, damit die Knopfleiste später schön gerade wird.
2. Den Schlitz für die Knopfleiste entlang der Mittellinie bis zum Dreieckspunkt mit einer kleinen Schere einschneiden. Von diesem Punkt aus beide Schrägen exakt bis zum Rand der Knopfleiste einschneiden. Die so entstandenen Laschen auf das Maß der Nahtzugabe zurückschneiden. Dann auf die Vorderseite falten und bügeln.
3. Leichter Jersey sollte an Kragen, Steg und Knopfleisten verstärkt werden: Dazu aus Vlieseline die entsprechenden Schnittteile ohne Nahtzugabe zuschneiden. Für die Knopfleiste die Verstärkung nochmals um 1,5 cm kürzen. Die Vlieseline vorsichtig von links auf den Stoff aufbügeln. Dabei das Bügeleisen von oben auf den Stoff drücken – nicht vor- und zurückschieben, das würde den Stoff dehnen.
4. Die Knopfleisten der Länge nach zur Mitte hin falten und diese Kante durch Bügeln fixieren. Die Nahtzugaben der langen Seiten ebenfalls nach innen falten und bügeln.

5. Die erste Knopfleiste rechts auf rechts auf die Lasche stecken. Die eingebügelten Kanten der Knopfleiste und der Lasche liegen bündig aufeinander.
6. Jetzt die Knopfleiste entlang der Bügellinien festnähen. Am saubersten wird dies mit einem Geradstich oder einem Dreifachgeradstich der Nähmaschine. Anfang und Ende der Naht gut sichern!
7. Die Knopfleiste entlang der Mittellinie falten und auf die linke Seite des Shirts umschlagen. Die Nahtzugabe hier nur ca. 4–5 mm breit umschlagen. So schaut die hintere Knopfleiste ein wenig über die Naht hinaus. Das ist später wichtig!
8. Die Faltung mit Nadeln fixieren, sodass nichts mehr verrutschen kann. Lieber eine Nadel zu viel als zu wenig verwenden.

9. Die Schritte 5–8 mit der zweiten Knopfleiste wiederholen und am Ende alles gut feststecken. Die Nadeln dabei immer quer stecken!
10. Im nächsten Schritt die Knopfleisten ausrichten, dazu am unteren Rand beide exakt übereinanderlegen. Auf der linken Seite des Shirts den dreieckigen Zipfel der Lasche zurechtlegen und mit den Knopfleisten zusammen feststecken.
11. Nun die Knopfleiste annähen. Am Ausschnitt beginnend, knappkantig entlang der sichtbaren Knopfleiste nähen, sodass auch die Rückseite beim Nähen mitgefasst wird. Ist diese einmal ringsherum angenäht, werden die unten überstehenden Enden mit einem schmuckvollen Kreuz gegen Ausreißen gesichert. Als nächstes das Shirt nach der Grundanleitung wie beim Basic-Shirt ab Seite 41 fertig nähen.
12. Dazu erst die Ärmel einsetzen, dann die Seitennähte schließen und Ärmel sowie Vorder- und Rückteil säumen.

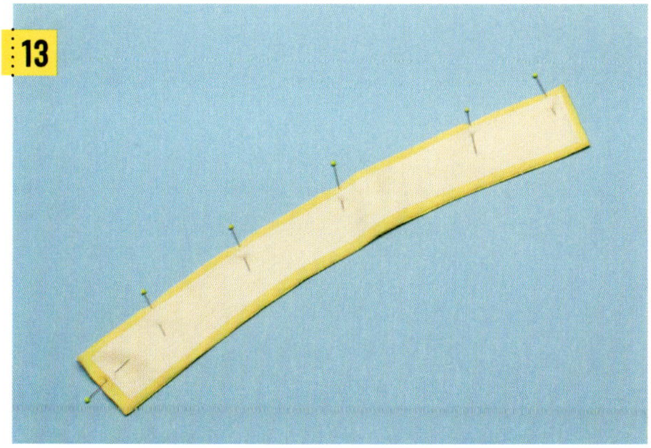


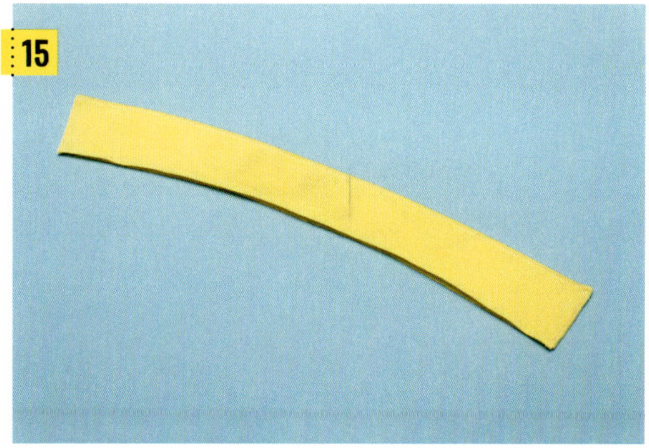


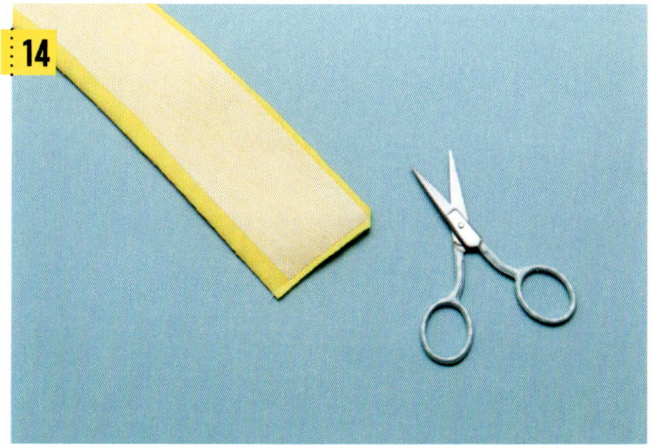


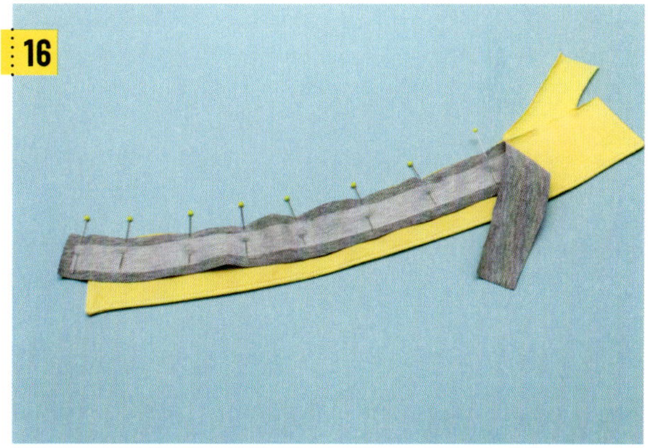


13. Nun den Kragen vorbereiten: Im ersten Schritt diesen rechts auf rechts falten und zusammenstecken. Als nächstes den Kragen an der Oberseite sowie an den kurzen Seiten mit einem Dreifachgeradstich zusammennähen.
14. Die Nahtzugabe zurückschneiden. Besonders an den Kanten ist dies sehr wichtig, damit der Kragen später spitze Ecken bekommt.
15. Den Kragen wenden und die Ecken gut herausdrücken, dabei hilft ein Ecken- und Kantenformer. Damit diese schön in Form bleiben, gut mit Dampf bügeln und anschließend knappkantig absteppen.
16. Beide Stegstreifen rechts auf rechts aufeinanderlegen, den Kragen mittig dazwischen platzieren. Alles gut feststecken und mit einem Versäuberungsstich an der langen Kante zusammennähen. Die kurze Seite an der Nähmaschine zusammennähen, damit hier die Nahtzugabe zurückgeschnitten werden kann. Die Seite, auf der im Bild der Kragen herausschaut, bleibt offen! Die Nahtzugabe an den Kanten zurückschneiden.

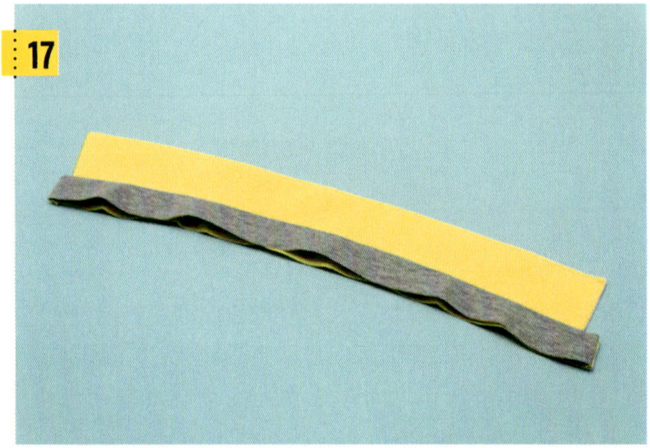

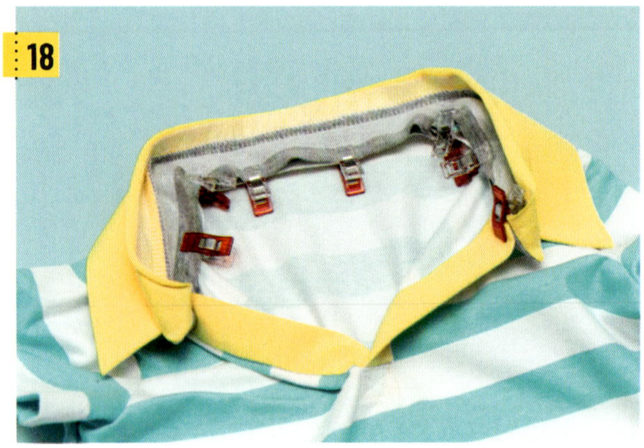


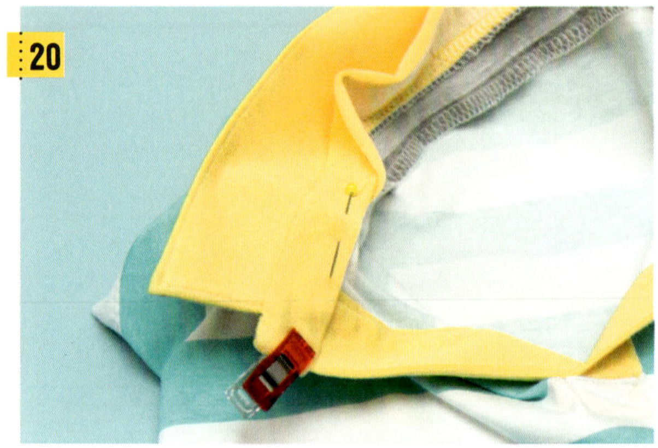


17. Steg und Kragen wenden. Die Ecken gut ausformen, alles gut bügeln und nach Belieben absteppen.
18. Den Kragen an das Shirt nähen: Dazu den Kragen mit dem äußeren Steg, hier in Grau, rechts auf rechts an das Shirt stecken. Der Steg endet und beginnt dabei bündig mit der Knopfleiste.
19. Mit einer 3–5 cm langen Hilfsnaht wird der Kragen innerhalb der Nahtzugabe fixiert. An der Stegspitze beginnen. Diesen Schritt auf der anderen Kragenseite wiederholen. Dann den – hier grauen – Steg mit einer dehnbaren Naht festnähen.
20. Die Nahtzugabe des inneren Stegs um die Knopfleiste herum so nach innen einschlagen, dass diese vollständig vom Steg umhüllt wird. Der innere Steg überdeckt damit die Ausschnittnaht. Die andere Seite der Knopfleiste ebenso mit dem Steg einfassen.

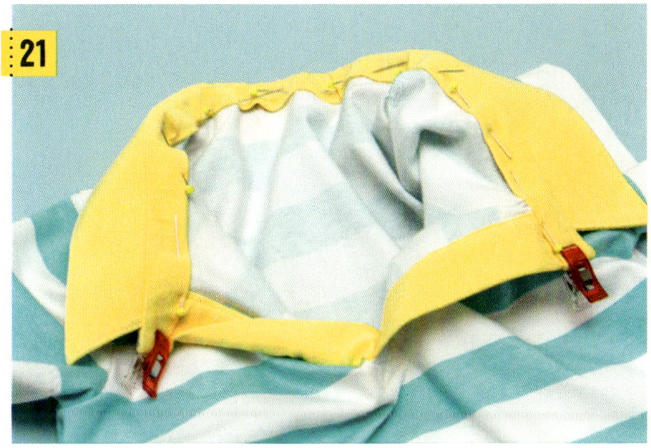

21. Dann den Steg über den gesamten Ausschnitt hinweg weiter sorgfältig einschlagen und feststecken. Der Ausschnitt wird also komplett vom Steg eingefasst, ähnlich wie bei der Methode mit einem Einfassstreifen. Die Innenseite des Kragens erhält dadurch eine saubere Kante.
22. Nun den inneren Steg knappkantig absteppen. Auf jeden Fall beim Nähen auf die Steckrichtung der Nadeln achten, sodass sich diese im Arbeitsfluss leicht herausziehen lassen.
23. Der Kragen ist nun sauber angenäht und gleichzeitig ist der Ausschnitt versäubert!
24. Auch von der Innenseite ist alles schön verarbeitet. Im letzten Schritt noch die Druckknöpfe nach der Anleitung auf Seite 23 setzen.

„laut"

# Pulloverkleid

Ein gemütliches und schlichtes Kleidchen! Das lieben auch große Mädchen. Für einen richtig lässigen Stil kann das Pulloverkleid auch mit Kapuze genäht werden. Eine Applikation bringt alle zum Grinsen.

## Was wird gebraucht

| **Stoffbreite 1,4 m** | bis Gr. 116 | bis Gr. 140 | bis Gr. 164 |
|---|---|---|---|
| Sweat oder Sommersweat | 70 cm | 115 cm | 130 cm |
| Jersey (Taschenbeutel) | 25 cm | 25 cm | 25 cm |
| Bündchenstoff | 25 cm | 25 cm | 25 cm |

## Zuschneiden

- **Pulloverkleid Vorderteil (SB 3):** 1 × im Stoffbruch aus Sweat oder Sommersweat zuschneiden
- **Pulloverkleid Rückteil (SB 3):** 1 × im Stoffbruch aus Sweat oder Sommersweat zuschneiden
- **Pulloverkleid Ärmel (SB 6):** 2 × gegengleich aus Sweat oder Sommersweat zuschneiden (ohne Nahtzugabe am Saum!)
- **Pulloverkleid Taschenbeutel (SB 3):** 4 × gegengleich aus Jersey zuschneiden
- **Pulloverkleid Halsbündchen (SB 3):** 1 × im Stoffbruch aus Bündchenstoff zuschneiden
- 2 Bündchenstreifen mit einer Länge von 80 % des Ärmelsaums mit 3 cm Höhe

## Variante

Perfekt wird der Halsausschnitt mit einem Versäuberungsstreifen vernäht, wie beim Basic-Shirt beschrieben. Auch die Kapuze vom Hoodie sitzt hier ideal.

## So geht's

1

3

2

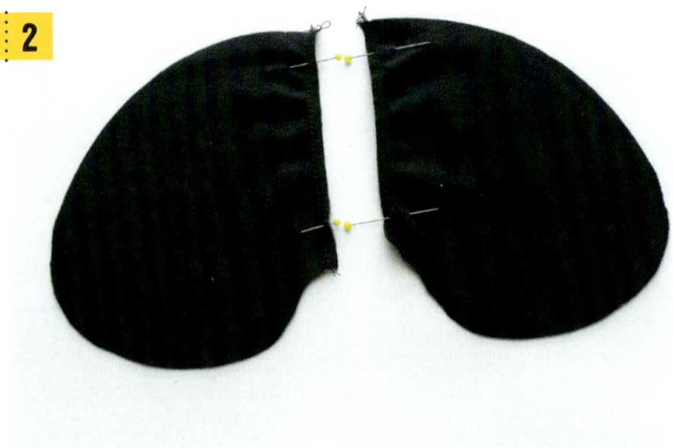

4

1. Die Markierungen für den Eingriff der Nahttaschen auf die linken Seiten des Vorder- bzw. Rückteils übertragen. Diese Markierungen müssen unbedingt am Vorder- und Rückteil auf selber Höhe sein. Lieber nochmals kontrollieren, ob sie richtig positioniert sind!
2. Die geraden Seiten aller Taschenbeutel mit einem Versäuberungsstich in der Farbe des Stoffs versäubern. Dann auch hier die Eingriffe mit Nadeln markieren.
3. An Vorder- und Rückteil den Bereich des Tascheneingriffs in einer dezenten Farbe versäubern. Die Naht an beiden Seiten jeweils 4 cm länger nähen.
4. Dann die Taschenbeutel anhand der Markierungen feststecken; erst am Vorderteil, dann am Rückteil. Jetzt diese mit einem Dreifachgeradstich annähen. Dazu die Nahtzugabe des Taschenbeutels nicht annähen, also im Abstand der Nahtzugabe auf dem Taschenbeutel beginnen und im selben Abstand vom Ende des Taschenbeutels wieder enden.

5

6

7

8

5. Vorder- und Rückteil haben nun jeweils Taschenbeutel-Hälften bekommen. Bevor diese zusammengefügt werden, muss erst das Pulloverkleid an den Schultern rechts auf rechts zusammengenäht werden.
6. Nun den Ärmel mit der Schultermarkierung auf die Schulterlinie stecken. Mithilfe der Markierungen den Ärmel ganz feststecken und mit einem dehnbaren Stich einnähen.
7. Den zweiten Ärmel ebenso erst feststecken und dann einnähen. Das Kleid rechts auf rechts legen, sodass Vorder- und Rückteil übereinanderliegen. Danach geht's an die Taschenbeutel.
8. Diese werden jetzt nach außen geklappt und gebügelt. Die Naht soll schön flach werden. Nun die übereinanderliegenden Taschenbeutel exakt zusammenstecken. Die „lose" Nahtzugabe am Beginn auf den Beutel klappen und feststecken.

9. Die Taschenbeutel mit einem Versäuberungsstich zusammennähen. Die Naht an Anfang und Ende sichern, damit später auch nichts aus den Taschen herausfallen kann. Dazu unter „Sichern der Kette" ab Seite 16 nachlesen. Den zweiten Taschenbeutel genauso annähen.
10. Hier der Test für exaktes Nähen: Auf der Vorderseite soll die Tasche in der Naht verschwinden und kaum sichtbar sein. Beinahe unsichtbar wird sie übrigens, wenn für Tasche und Kleid Stoffe in gleicher Farbe verwendet werden.
11. Das Pulloverkleid wieder auf links wenden. Jetzt 1–2 mm neben der Versäuberungsnaht in Richtung Pullover mit einem Dreifachgeradstich von der Markierung des Tascheneingriffs bis zum Ende der Versäuberungsnaht nähen. An dieser Stelle kann man später nicht mit der Overlock nähen. Daher wird sie im Vorfeld zusammengenäht. Für die bessere Sichtbarkeit wurde hier eine Kontrastfarbe gewählt. Idealerweise ist hier aber ein Farbton ähnlich dem Hauptstoff zu wählen.
12. Nun das Kleid an den Unterarmen und den Seitenkanten zusammenstecken. Mit einer dehnbaren Naht von der Ärmelkante bis möglichst nah an den Taschenbeutel herannähen und danach von der unteren Kante bis zum Taschenbeutel nähen. Auf der anderen Seite wiederholen.

13. Die Ärmelkanten mit einem Bündchenstreifen einfassen. Dieser ist ca. 3 cm hoch und misst in der Länge etwa 80 % der Ärmelweite am Abschluss. Zuerst beide Bündchenstreifen zu einem Ring nähen. Dann gedehnt rechts auf rechts an die Ärmelkanten stecken und mit einem dehnbaren Stich annähen.
14. Das Bündchen zweimal nach innen umfalten und mit einem dehnbaren Stich festnähen. Dies wird auch ausführlich auf Seite 26 beschrieben.
15. Das Halsbündchen zum Ring nähen, falten und gleichmäßig rechts auf rechts an den Ausschnitt stecken. Unter Dehnen mit einem Versäuberungsstich einnähen. Perfekt wird der Ausschnitt mit einem zusätzlichen Versäuberungsstreifen, wie beim Basic-Shirt gezeigt.
16. Zum Schluss die untere Kante säumen. Nach Belieben mit einem Zierstich verschönern. Jetzt nur noch vor Freude über das fertige Kleid laut jubeln.

**Tipp**

Die Sweatjacke kann auch mit Bündchen statt Kapuze genäht werden. Hierzu das Halsbündchen des Pulloverkleids nicht zum Ring schließen, sondern als Streifen falten und vor dem Einnähen an den kurzen Seiten zusammennähen.

# Sweatjacke

Schnell überziehen und raus in die Natur, so mögen es wilde Kids. Diese Sweatjacke ist ein reizvolles Projekt für Fortgeschrittene, aber auch Anfänger können diese Jacke mit Konzentration nachnähen.

## Was wird gebraucht

| **Stoffbreite 1,4 m** | bis Gr. 116 | bis Gr. 140 | bis Gr. 164 |
|---|---|---|---|
| Sweat oder Sommersweat | 85 cm | 105 cm | 125 cm |
| Jersey | 45 cm | 55 cm | 65 cm |
| Bündchenstoff | 30 cm | 30 cm | 30 cm |

- 1 teilbarer Reißverschluss in passender Länge

| Gr. 98 | Gr. 104/110 | Gr. 116/122 | Gr. 128 - 140 | Gr. 146/152 | Gr. 158/164 |
|---|---|---|---|---|---|
| 35 cm | 40 cm | 45 cm | 50 cm | 55 cm | 60 cm |

- 1,2 m Kantenband zum Verstärken für den Verschluss
- 2–4 Ösen, min. Ø 8 mm, eventuell SnapPap
- Vlieseline oder Wonderdots
- Kordel mit ca. 0,8 m Länge, Ø 8 mm

## Zuschneiden

- **Sweatjacke Vorderteil und Bauchtasche (SB 5):** je 1 × im Stoffbruch aus Sweat oder Sommersweat zuschneiden, am Stoffbruch auch eine Nahtzugabe hinzufügen!
- **Sweatjacke Rückteil (SB 5):** 1 × im Stoffbruch aus Sweat oder Sommersweat zuschneiden
- **Sweatjacke Ärmel (SB 5):** 2 × gegengleich aus Sweat oder Sommersweat zuschneiden
- **Sweatjacke Kapuze (SB 5):** je 2 × gegengleich aus Sweat und Jersey zuschneiden
- **Sweatjacke vorderer Beleg (SB 5):** 2 × gegengleich aus Jersey zuschneiden
- **Sweatjacke hinterer Beleg (SB 5):** 1 × im Stoffbruch aus Jersey zuschneiden
- **Sweatjacke Kinnschutz (SB 5):** 2 × aus Jersey zuschneiden
- **Sweatjacke Armbündchen (SB 5):** 2 × im Stoffbruch aus Bündchenstoff zuschneiden
- **Sweatjacke Bauchbündchen (SB 5):** 1 × im Stoffbruch aus Bündchenstoff zuschneiden
- 2 Bündchenstreifen in der Länge der Tascheneingriffe mit 4 cm Höhe

## So geht's

1. Damit die Taschen schön gleichmäßig auf der Sweatjacke sitzen, werden die Schnittmuster des Vorderteils und der Bauchtasche beim Zuschneiden mit 1 cm Abstand von der Bruchkante zugeschnitten. So kann das Vorderteil vorerst genäht werden wie beim Kapuzenpullover.
2. Die Bauchtasche vorbereiten und mittig auf dem Vorderteil feststecken. Dies ist ausführlich in der Anleitung des Hoodies ab Seite 78 erklärt. An den geraden Seitenkanten sowie an der Oberkante festnähen. Die Naht an den Eingriffen gut sichern!

3. Das Vorderteil mit der Bauchtasche falten und mit einer Bügelkante die Mitte markieren. Dann mit einer Hilfsnaht die Bauchtasche ca. 3 mm links und rechts neben der Mittellinie sichern.
4. Jetzt das Vorderteil entlang der Mittellinie zerschneiden. Dabei ganz vorsichtig zwischen den Hilfslinien der Bauchtasche entlang mit der Schere oder dem Rollschneider bis hoch zur vorderen Mitte des Ausschnitts gleiten. So ergeben sich zwei exakt gleiche Vorderteile. Besonders bei gestreiften Nähwerken ist dies wichtig, denn schon minimale Abweichungen sind hier sichtbar.

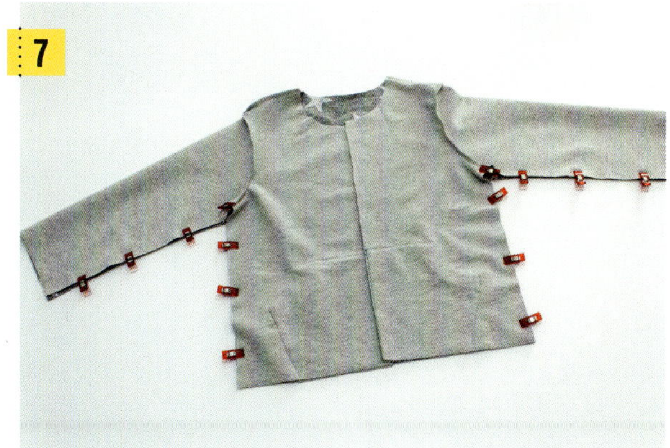

5. Beide Vorderteile rechts auf rechts auf das Rückteil legen, gut feststecken und dann an den Schultern mit einem dehnbaren Stich zusammennähen.
6. Die Ärmel, beginnend mit der Schultermarkierung, rechts auf rechts in die Armkugeln stecken. Darauf achten, dass die Ärmelvorderseite auf das Jackenvorderteil zeigt und die rückwärtige Hälfte auf das Jackenrückenteil. Beide Ärmel mit dehnbarem Stich annähen.
7. Vorder- und Rückteil rechts auf rechts übereinanderlegen und an den Unterarmkanten sowie an den Seitenlinien zusammenstecken- und nähen.
8. Dann die Kapuze vorbereiten: Zuerst an der Außenkapuze die Ösen für die Kordel setzen, dies ist in der Anleitung der Pumphose ab Seite 90 ausführlich erklärt. Nach Belieben entweder nur zwei Ösen am unteren Kapuzenende oder zusätzlich zwei weitere am Scheitelpunkt der Kapuze setzen. Darauf achten, dass zwischen Öse und Stoffkante genug Platz zum Nähen bleibt. Dann jeweils die beiden Kapuzenteile aus Jersey sowie aus Sweat rechts auf rechts entlang der Kopfrundung zusammennähen.

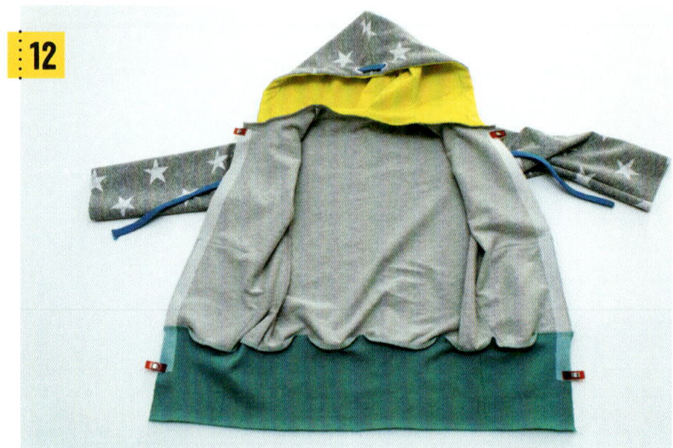


9. Innen- und Außenkapuze nun rechts auf rechts ineinanderstecken und an der Kapuzenfront zusammennähen. Die Kordel so einfädeln, dass Anfang und Ende der Kordel auf der rechten Seite der Kapuze liegen. Jetzt den Tunnelzug mit einem Geradstich absteppen. Dazu ca. 3–4 cm von der Kapuzenfront entfernt eine parallele Naht setzen, so kann die Kordel nicht in der Kapuze verrutschen.
10. Die fertige Kapuze rechts auf rechts auf die Ausschnittkante der Jacke stecken. Am Anfang und Ende jeweils den Bereich der Nahtzugabe an der Jacke frei lassen, also ca. 1 cm versetzt beginnen, die Jacke anzustecken, und auch am Ende wieder diesen Abstand beachten. Die Kapuze mit einem dehnbaren Stich einnähen.
11. Das Bauchbündchen entlang der unteren langen Strecke mit farblich passendem Garn versäubern. Die andere Kante gedehnt rechts auf rechts auf die Jacke stecken und mit einem Versäuberungsstich unter Dehnen annähen. Das Bündchen ist hier also nicht gefaltet, sondern wird aufgeklappt angenäht!
12. Auf die linke Seite des Vorderteils entlang der Öffnung mit einem aufbügelbaren Kantenband den Untergrund für den Reißverschluss verstärken. Das Kantenband bis zur Mitte des Bündchens aufbügeln, die Nahtzugabe zwischen Bündchen und Jackenteil wird dabei nach oben geklappt. Die Strecke für den Reißverschluss erneut nachmessen, diese ist im Bild mit roten Klammern markiert: Der Reißverschluss reicht von ca. 1 cm unterhalb der Kapuze bis zur Mitte des Bündchens. Zum Test den Reißverschluss einmal anstecken.

13

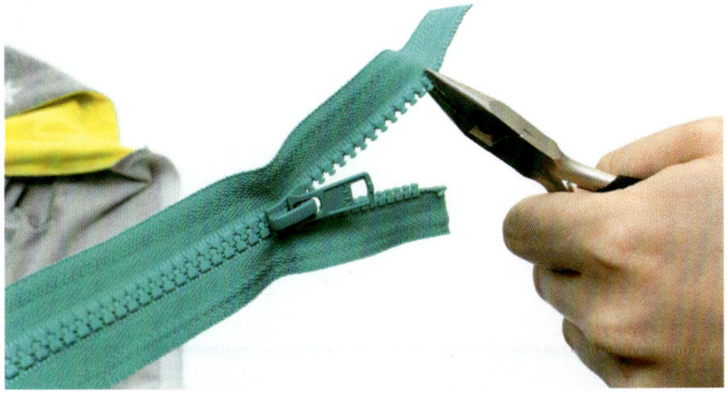

14

15

16

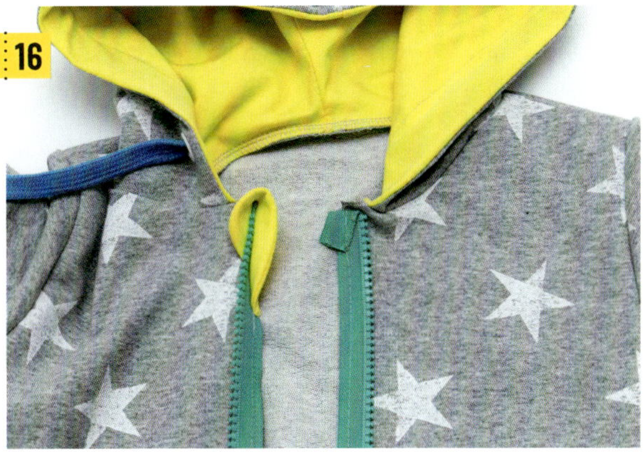

13. Sollte der Reißverschluss nicht genau passen, was meistens der Fall ist, mit einer Zange ein paar Zähnchen herausbrechen. Das überstehende Reißverschlussband auf ca. 2 cm kürzen.
14. Dann den Kinnschutz vorbereiten: Beide Teile rechts auf rechts mit einem Dreifachgeradstich zusammennähen. Die Nahtzugabe zurückschneiden, wenden und schön flach bügeln. Der Kinnschutz verhindert später, dass der Reißverschluss das Kind unangenehm kratzt. Er wird am oberen Ende über diesen gestülpt.
15. Jetzt also den Reißverschluss geschlossen rechts auf rechts auf die erste Seite stecken. Dabei von unten beginnen. An der oberen Kante wird das Reißverschlussband umgefaltet und nach außen laufend festgesteckt. So kann der Schieber nicht herausrutschen. Über den oberen Teil des Reißverschlusses den Kinnschutz falten. Die offene Seite des Kinnschutzes zeigt zur Reißverschlusskante. Jetzt den ersten Reißverschlussteil mit einem Geradstich annähen. Einen Reißverschlussfuß verwenden und sehr nahe an den Zähnchen entlangnähen. Sobald der Schieber in die Quere kommt, die Nadel im Stoff versenken, das Nähfüßchen anheben und den Schieber vorbeiziehen.
16. Die zweite Seite des Reißverschlusses jetzt rechts auf rechts auf die andere Seite der Jacke stecken. Der Reißverschluss ist immer noch geschlossen, so lässt er sich gleichmäßiger annähen. Auch hier wieder Nadel versenken und Füßchen anheben, sobald der Schieber im Weg ist. Am oberen Ende das Reißverschlussband wieder umklappen und nach außen auslaufen lassen. Den Reißverschluss öffnen und überprüfen, ob alles korrekt vernäht ist.

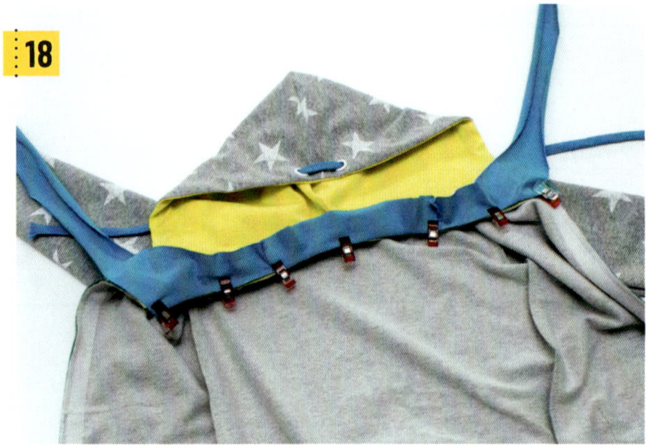


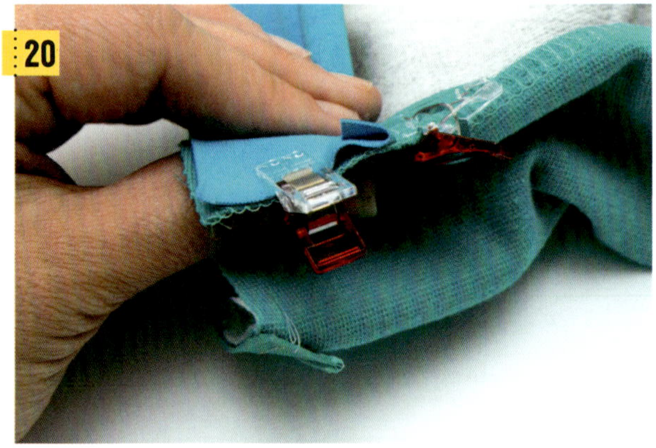


17. Beide vorderen Belege mit der rechten Seite nach oben und den hinteren Beleg rechts auf rechts legen. An den Schulterkanten zusammenstecken und mit einem dehnbaren Stich zusammennähen.
18. Die Jacke aufgeklappt hinlegen (siehe Foto), den Beleg rechts auf rechts in die Kapuze zeigend auf die Kapuzennaht stecken. Dabei am besten an den Schultern beginnen und dann gleichmäßig weiterstecken. Jetzt den Beleg entweder mit einem Dreifachgeradstich der Nähmaschine oder der Overlock entlang der gesamten Kante annähen. Aufpassen, dass weder der Reißverschluss noch der Kinnschutz in die Naht geraten.
19. Den Beleg nun so drehen, dass die überstehenden „Flügel", also die langen Kanten, rechts auf rechts über dem Reißverschluss liegen. Den Beleg an der Außenkante feststecken. Das untere Ende des Belegs wie im nächsten Foto gezeigt mit dem Bündchen verbinden.
20. Das Bündchen um den Reißverschluss herum hochklappen und an den Beleg stecken. Dazu an der äußeren Kante des Belegs die Nahtzugabe umklappen. Diese wird später auf dem gesamten Beleg umgenäht. Jetzt erst dieses kurze Ende vernähen, bevor der Beleg insgesamt angenäht wird. Am besten mit einem Dreifachgeradstich annähen.

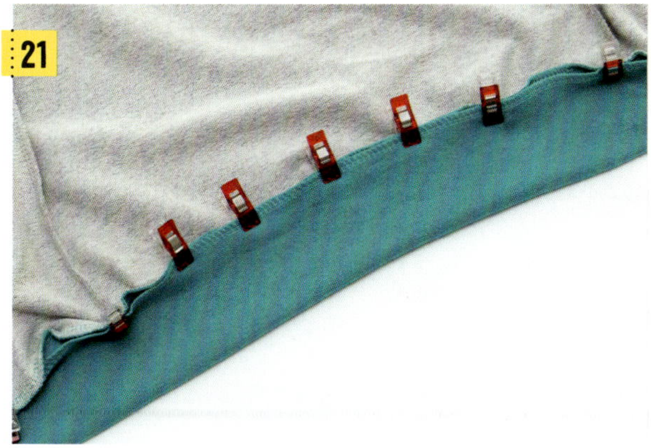

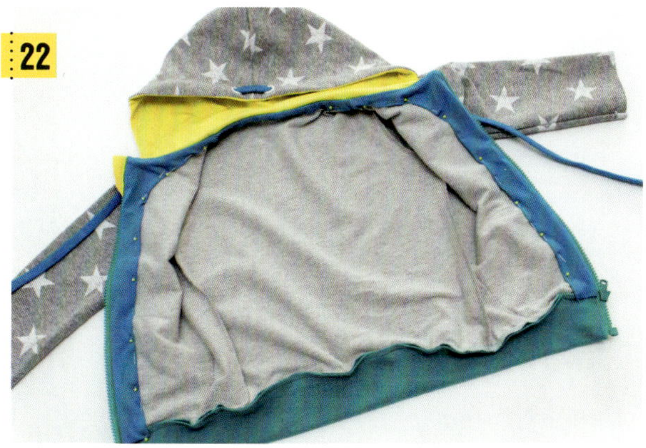

21. Das Bündchen über die gesamte Länge hochklappen und gleichmäßig gedehnt aufeinanderstecken. Dann beide Bündchenenden entweder mit einem Dreifachgeradstich oder mit einem Versäuberungsstich soweit wie möglich an den Reißverschluss heran zusammennähen.
22. Am unteren Ende ist die Nahtzugabe des Belegs bereits nach innen eingeklappt, dies nun über die gesamte Strecke weiterführen. Dabei gleichzeitig den Beleg an die Jacke stecken. Dann den Beleg mit einem Dreifachgeradstich feststeppen, jedoch den Bereich der Taschen nicht mitsteppen. Mit der Naht oberhalb der Bauchtasche beginnen und direkt vor der Bauchtasche auf der anderen Seite enden.
23. Den Beleg an den übrig bleibenden unteren Enden von Hand vernähen. Hier jedoch nur den Beleg und das Vorderteil vernähen, nicht die Taschenbeutel – so werden diese nicht verkleinert.
24. Zum Schluss die Ärmelbündchen nach der Grundanleitung auf Seite 26 zum Ring schließen und mit einem dehnbaren Stich annähen. War gar nicht so schwierig, oder?

**Tipp** Anfänger können erst mal den Hoodie ohne Bauchtasche nähen, dann geht's schneller und einfacher.

# Hoodie

Kapuzenpullover sind unverzichtbare Wohlfühlstücke in jeder Kinder- und Teenagergarderobe – mit praktischer Bauchtasche und einer zweilagigen Kapuze ist dieses Teil ein richtiger Klassiker!

## Was wird gebraucht

| **Stoffbreite 1,4 m** | bis Gr. 116 | bis Gr. 140 | bis Gr. 164 |
|---|---|---|---|
| Sweat, Sommersweat oder Fleece | 85 cm | 105 cm | 125 cm |
| Jersey | 35 cm | 40 cm | 45 cm |
| Bündchenstoff | 30 cm | 30 cm | 30 cm |

## Zuschneiden

- **Hoodie Vorderteil (SB 2):** 1 × im Stoffbruch aus Sweat, Sommersweat oder Fleece zuschneiden
- **Hoodie Rückteil (SB 2):** 1 × im Stoffbruch aus Sweat, Sommersweat oder Fleece zuschneiden
- **Hoodie Ärmel (SB 8):** 2 × gegengleich aus Sweat, Sommersweat oder Fleece zuschneiden
- **Hoodie Bauchtasche (SB 2):** 1 × im Stoffbruch aus Sweat, Sommersweat oder Fleece zuschneiden
- **Hoodie Kapuze (SB 2):** je 2 × gegengleich aus Sweat, Sommersweat oder Fleece und aus Jersey zuschneiden
- **Hoodie Bauchbündchen (SB 4):** 1 × im Stoffbruch aus Bündchenstoff zuschneiden
- **Hoodie Armbündchen (SB 2):** 2 × im Stoffbruch aus Bündchenstoff zuschneiden
- Bündchenstreifen in der Länge der Kapuzenöffnung mit 4 cm Höhe
- 2 Bündchenstreifen in der Länge der Tascheneingriffe mit 4 cm Höhe

## Variante

Der Hoodie wird zum klassischen Pullover, wenn statt der Kapuze ein Halsbündchen angenäht wird.

## So geht's

1
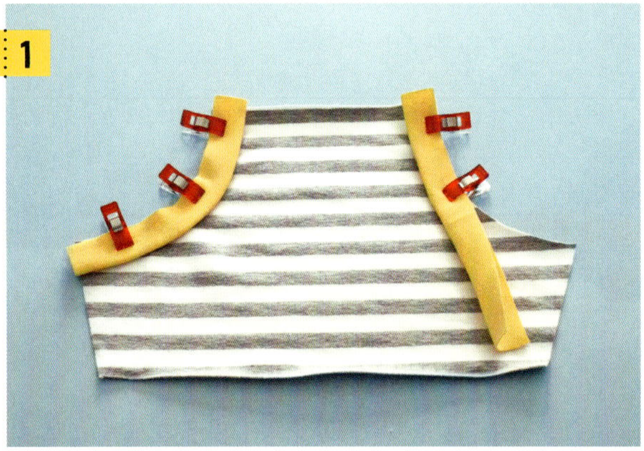

2
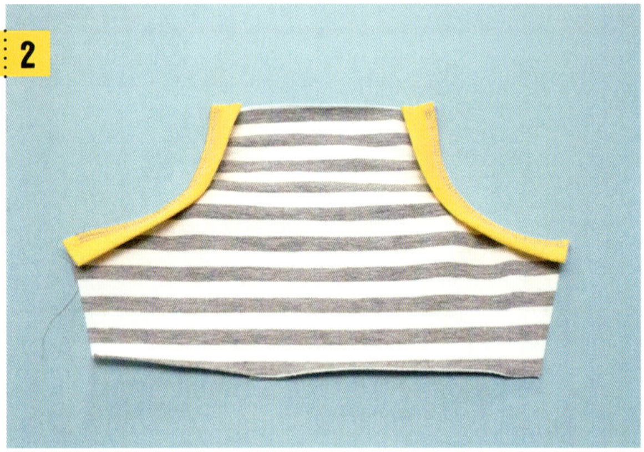

3

4
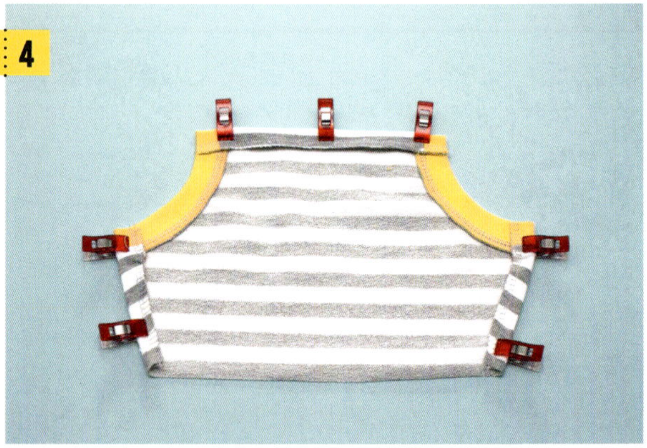

1. Zwei 4 cm hohe Bündchenstreifen in der Länge der Tascheneingriffe zuschneiden. Diese in der Höhe falten und leicht gedehnt rechts auf rechts auf die Eingriffe stecken, sodass die offenen Kanten aufeinanderliegen und die Faltkante des Bündchens zur Tasche hin zeigt.
2. Die Bündchenstreifen mit einem Versäuberungsstich (Overlock- oder über die Stoffkante hinaus verlaufender Zickzackstich) unter Dehnen annähen. Die überstehenden Enden des Bündchenstreifens abschneiden. Dann die Nahtzugabe zur linken Seite hin falten, sodass jetzt das Bündchen nach außen zeigt.
3. Die Bündchennaht nun von rechts mit einem dehnbaren Stich, z. B. Dreifachgeradstich, absteppen. Ein Garn in Kontrastfarbe sieht hier besonders toll aus. Das Bündchen passt sich perfekt der Rundung des Tascheneingriffs an und kann auch nicht ungewollt umklappen.
4. Die gerade Oberkante und die gerade Strecke der Seitenkanten in Breite der Nahtzugabe zur linken Seite hin falten. Alles schön flach bügeln. Dann die gefalteten Kanten feststecken oder -klammern. Jetzt ist die Bauchtasche bereit, auf den Pullover genäht zu werden.

5. Die Bauchtasche mittig sowie mit der unteren Kante des Pullovers bündig abschließend auf dem Pullover-Vorderteil platzieren. Die beiden rechten Stoffseiten liegen oben, die Bauchtasche liegt mit der linken Seite auf der rechten Seite des Pullover-Vorderteils auf.
6. Mit einem Dreifachgeradstich die Bauchtasche oben und an den seitlichen geraden Kanten festnähen. Die Nähte gut verriegeln, damit ein späteres Ausreißen beim Gebrauch verhindert wird. Die Unterkante feststecken, sie wird noch nicht angenäht, sondern später in dem Bauchbündchen mitgefasst.

7. Das Rückteil mit der rechten Seite nach oben hinlegen, das vorbereitete Vorderteil rechts auf rechts darauf. Beide Teile an den Schultern zusammenstecken und mit einem dehnbaren Stich aneinandernähen.
8. Vorder- und Rückteil aufklappen und mit der rechten Seite nach oben hinlegen. Den ersten Ärmel rechts auf rechts mit der Schultermarkierung an die Schulter stecken. Dabei darauf achten, dass die Ärmelvorderseite auf das Vorderteil zeigt und die Rückseite auf das Rückteil. Den Ärmel gleichmäßig in der Armkugel feststecken und mit dehnbarem Stich annähen.

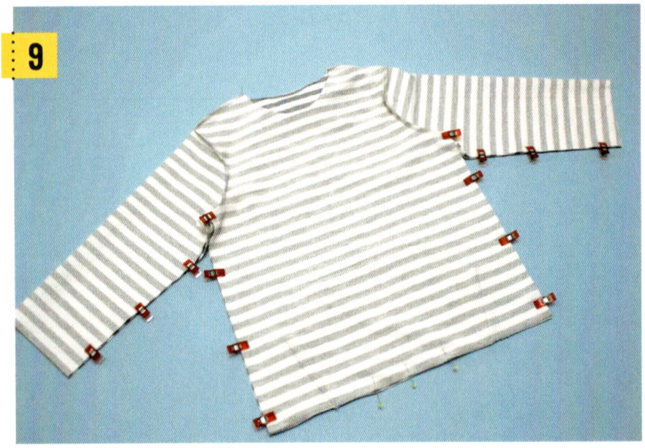

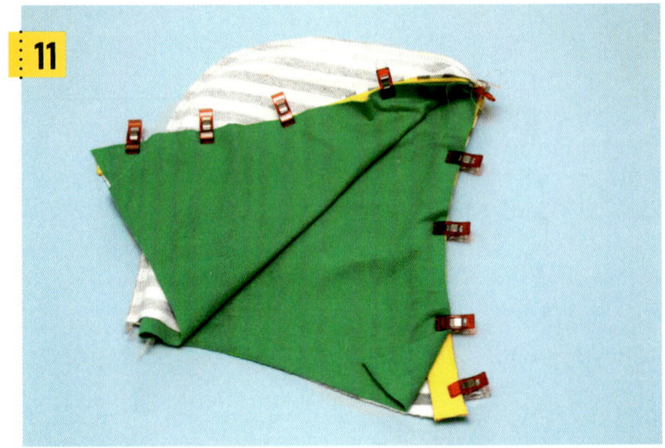

9. Den zweiten Ärmel genauso annähen, dann den Pullover rechts auf rechts falten und wie auf dem Bild an der Armunter- sowie der Seitenkante zusammenstecken. Dabei gut darauf achten, dass die Achselnähte genau übereinanderliegen. Die Nahtzugaben zeigen allerdings in verschiedene Richtungen, damit die Naht hier später nicht zu dick wird.
10. Die zusammenpassenden Kapuzenteile an der Rundung jeweils rechts auf rechts zusammenstecken und mit einem dehnbaren Stich aneinandernähen.
11. Einen 4 cm hohen Bündchenstreifen auf die Länge der Kapuzenfront zuschneiden. Die Innenkapuze auf rechts drehen und in die auf links gedrehte Außenkapuze stecken. Zwischen beide Kapuzen den in der Höhe gefalteten Bündchenstreifen leicht gedehnt feststecken. Darauf achten, dass die Mittelnähte der Kapuzen genau übereinanderliegen.
12. Nun alle Schichten mit einem dehnbaren Stich zusammennähen. Dabei langsam und sorgfältig nähen, damit sich nichts verschieben kann. Immer wieder kontrollieren, ob alle Schichten in der Naht mitgefasst werden. Die Kapuze wenden, gut ausformen und bügeln. Dann von der rechten Seite das Bündchen mit einem Geradstich absteppen.

13. Die Kapuze an der Markierung für die vordere Mitte übereinanderlegen und diesen Punkt mit einer Nadel markieren. Nähanfänger fixieren die Überlappung innerhalb der Nahtzugabe mit einer Hilfsnaht.
14. Die Kapuze rechts auf rechts in den Pulli stecken, dabei zeigt die Kapuzenöffnung auf das Vorderteil. Gut darauf achten, dass die Markierungen der vorderen Mitte, der hinteren Mitte sowie der Schultern aufeinanderpassen. Auch zwischen den Markierungen gleichmäßig feststecken.
15. Dann die Kapuze mit einem dehnbaren Stich annähen. Sehr langsam nähen und auch hier immer wieder kontrollieren, ob alle Schichten mitgefasst werden. Besonders sorgsam den Bereich der Kapuzenüberlappung annähen. Ganz exakt wird diese Naht, wenn nur durch Drehen des Handrads genäht wird.
16. Die Ärmelbündchen nach der Grundanleitung auf Seite 26 zum Ring schließen und annähen. Das Bauchbündchen ebenso zum Ring schließen, rechts auf rechts in den Hoodie stecken und beim Annähen die Unterseite der Tasche mitfassen, so ist dann auch die Tasche eingenäht!

# Chinohose

Die lässige Hose sitzt schön locker und bequem. Die Falten am Bund verleihen ihr einen edlen Touch. So sieht sie zu Shirts und Sneakers super aus, geht mit Bluse aber auch zu feinen Anlässen.

## Was wird gebraucht

| **Stoffbreite 1,4 m** | bis Gr. 116 | bis Gr. 140 | bis Gr. 164 |
|---|---|---|---|
| leichter Jersey | 75 cm | 90 cm | 105 cm |

- ca. 80 cm Gummibund mit 4,5 cm Höhe

## Zuschneiden

- **Chinohose/Overall Vorderteil (SB 4):** 2 × gegengleich aus leichtem Jersey zuschneiden
- **Chinohose/Overall Rückteil (SB 4):** 2 × gegengleich aus leichtem Jersey zuschneiden
- **Chinohose Bauchbündchen (SB 4):** 1 × im Stoffbruch aus leichtem Jersey zuschneiden
- **Chinohose/Overall Taschenbeutel ohne Eingriff (SB 4):** 2 × gegengleich aus leichtem Jersey zuschneiden
- **Chinohose/Overall Taschenbeutel mit Eingriff (SB 4):** 2 × gegengleich aus leichtem Jersey zuschneiden

## Variante

Der Bund der Chinohose kann auch zusätzlich mit Ösen oder Knopflöchern versehen werden, um eine Kordel durchzuführen.

**Tipp** Wählt einen möglichst leichten Jersey, so fällt die Hose schöner.

## So geht's

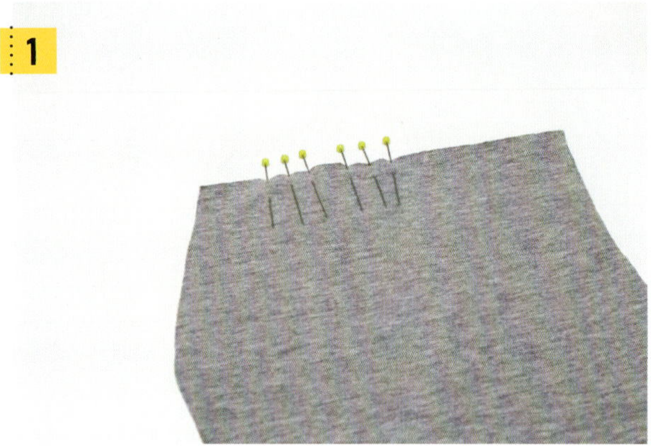

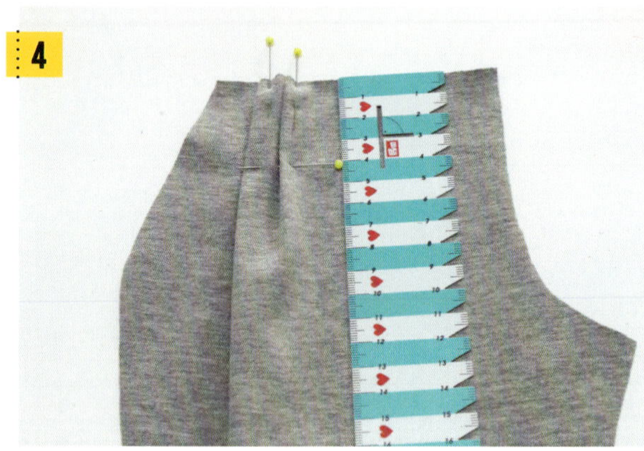


1. Im ersten Schritt werden die markanten Fältchen am Vorderteil der Chinohose gelegt und genäht. Dafür die Falten mit Nadeln oder kleinen Knipsen innerhalb der Nahtzugabe markieren.
2. Den ersten und den dritten Faltenpunkt so zusammenstecken, dass auf der rechten Seite der Hose eine Falte entsteht. Diese Falte in Richtung Tasche umklappen und feststecken.
3. Die zweite Falte ebenso legen und feststecken.
4. Mit 4 cm Abstand vom Bund mit einer Quernadel die Falten sichern und gleichzeitig den Abstand für die Sicherungsnaht markieren.

5. Danach die Falten mit einem Geradstich vom Bund bis zur Markierungsnadel, also über 4 cm, knappkantig festnähen. Innerhalb der Nahtzugabe am Bund die Falten mit einer Hilfsnaht fixieren, damit der Bund später leichter angenäht werden kann.
6. Den Taschenbeutel mit Eingriff rechts auf rechts auf das Vorderteil legen und dabei darauf achten, dass die Eingriffe des Taschenbeutels und des Hosenvorderteils genau übereinanderliegen. Alles gut feststecken und mit einem dehnbaren Stich annähen.

7. Den angenähten Taschenbeutel auf die linke Seite der Hose falten und den Eingriff absteppen.
8. Das Vorderteil der Hose auf links drehen und den zweiten Taschenbeutel rechts auf rechts auf den ersten stecken.

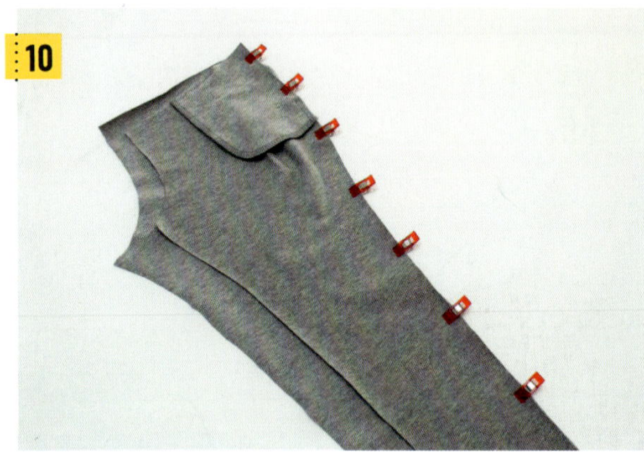

9. Mit einer dehnbaren Naht beide Taschenbeutel zusammennähen. Anschließend innerhalb der Nahtzugabe seitlich und oben am Bund den Taschenbeutel mit einer Hilfsnaht annähen.
10. Ein Rückteil der Hose mit der rechten Seite nach oben legen und das vorbereitete Vorderteil rechts auf rechts darüberlegen. Beide Teile seitlich zusammenstecken.
11. Die Teile mit einer dehnbaren Naht zusammenfügen.
12. Die Schritte 1–11 mit den anderen Vorder- und Rückteilen wiederholen. Dann beide vorbereiteten Hosenteile rechts auf rechts passgenau übereinanderlegen und an den Seiten zusammenstecken. Danach mit einer dehnbaren Naht beide Teile im vorderen und den hinteren Schrittbereich zusammennähen.

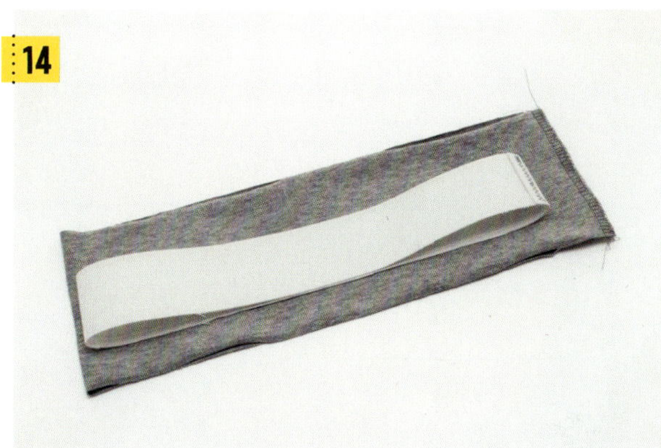

13. Die Hose so wenden, dass die eben genähten Schrittnähte nun mittig liegen. Danach die Innenbeine zusammenstecken und mit einer dehnbaren Naht zusammennähen.
14. Jetzt den Bund rechts auf rechts legen und seitlich mit einer dehnbaren Naht zum Ring nähen. Gleichzeitig das Gummiband ca. 1–2 cm kürzer als den Bund zuschneiden oder direkt an das Hüftmaß des Kindes anpassen. Auch den Gummibund mit einem Zickzackstich zum Ring nähen.
15. Den Bund in der Höhe falten und das Gummiband hineinlegen, dieses ganz bis zur Falte schieben und gut feststecken. Den Bund in vier gleichmäßige Teile unterteilen und in die auf links gedrehte Hose schieben. Dort gleichmäßig feststecken und mit einem dehnbaren Stich einnähen. Den Gummi dabei nicht mit einnähen, er liegt locker im Bund und wird seitlich mit ein paar Querstichen am Bund befestigt, damit er sich später nicht verdrehen kann.
16. Als letzten Schritt die Hosenbeine nach der Grundanleitung auf Seite 25 säumen.

**Tipp**

Die Tascheneingriffe im Schnittmuster des Vorder- und Rückteils herauslösen für die innen liegenden Taschen!

# Pumphose

Eine bequeme Alltagshose aus kuscheligem Sweat – für faule Tage auf dem Sofa genauso geeignet wie für kleine und große Abenteuer. Eingriffstaschen und Details am Bund runden das Design ab.

## Was wird gebraucht

| **Stoffbreite 1,4 m** | Bis Gr. 116 | bis Gr. 140 | bis Gr. 164 |
|---|---|---|---|
| Sweat | 75 cm | 90 cm | 105 cm |
| Bündchenstoff | 30 cm | 30 cm | 30 cm |

- SnapPap oder Leder für die Verstärkung
- 2 Ösen, min. Ø 8 cm
- ca. 1 m Kordel
- Wonderdots oder Vlieseline

## Zuschneiden

- **Pumphose/Shorts Vorderteil (SB 7):** (Tascheneingriff ausschneiden) 2 × gegengleich aus Sweat zuschneiden
- **Pumphose/Shorts Rückteil (SB 7):** 2 × gegengleich aus Sweat zuschneiden
- **Pumphose Taschenbeutel 1 (SB 7):** 2 × gegengleich aus Sweat zuschneiden
- **Pumphose/Shorts Taschenbeutel 2 (SB 7):** 2 × gegengleich aus Sweat zuschneiden
- **Pumphose/Shorts Bauchbündchen (SB 3):** 1 × im Stoffbruch aus Bündchenstoff zuschneiden
- **Pumphose Beinbündchen (SB 3):** 2 × im Stoffbruch aus Bündchenstoff zuschneiden
- Bündchenstreifen in der Länge des Tascheneingriffs mit 4 cm Höhe

## Variante

Die aufgesetzten Taschen und die Gesäßtaschen der Shorts sind hier natürlich auch möglich.

## So geht's

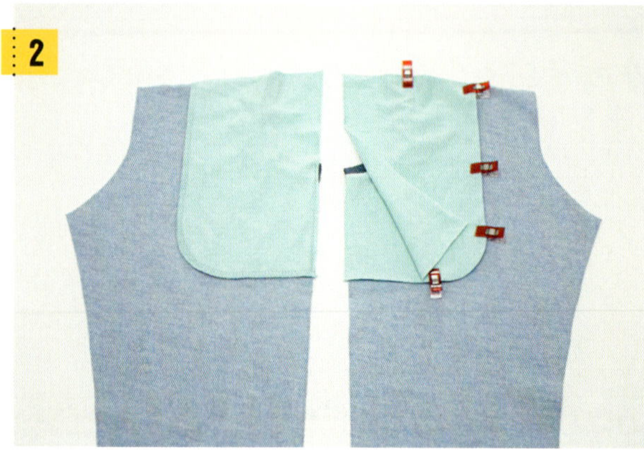

1. Einen 4 cm hohen und in der Länge dem Tascheneingriff entsprechend zugeschnittenen Bündchenstreifen falten und mit der offenen Kante gedehnt am Tascheneingriff feststecken. Das überstehende Bündchen abschneiden. Dann den Taschenbeutel mit Eingriff ebenfalls daraufstecken. Das Bündchen liegt also zwischen Taschenbeutel und Vorderteil.
2. Den Eingriff mit einer dehnbaren Naht nähen. Den Taschenbeutel auf die Rückseite klappen, das Bündchen legt sich durch die Dehnung nun schön entlang der Rundung. Den zweiten Taschenbeutel rechts auf rechts daraufstecken und ebenfalls mit einer dehnbaren Naht annähen. Achtung: Nur die Taschenbeutel zusammennähen! Nicht an das Hosenteil nähen. Das Bündchen nach Belieben mit einem dehnbaren Stich absteppen.
3. Das Hosenvorderteil auf die rechte Seite wenden. Der nun fertige Taschenbeutel blitzt auf der Vorderseite farblich abgesetzt hervor. Den Taschenbeutel am zweiten Hosenteil ebenfalls nach dieser Anleitung fertigstellen. Den Taschenbeutel an der oberen Saumkante und an der Seite mit einer Hilfsnaht innerhalb der Nahtzugabe am Hosenteil fixieren. Anschließend das entsprechende Hosen-Rückteil zurechtlegen. Dieses wird im nächsten Schritt benötigt.
4. Das Vorderteil mit dem Taschenbeutel rechts auf rechts auf das Hosenrückenteil legen. Darauf achten, dass beide Teile an der geraden Seitenkante bündig übereinanderliegen. Die Kanten gut feststecken und dann die Hosenteile seitlich mit einer dehnbaren Naht zusammenfügen.

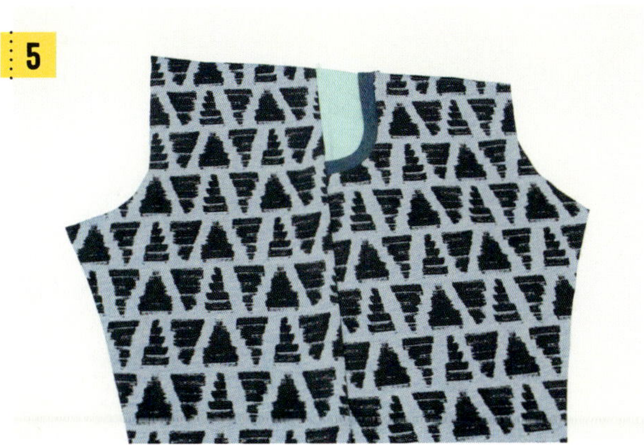

5. Der Taschenbeutel wird in der Seitennaht mitgefasst. Sollte die Hilfsnaht hier hervorblitzen, kann sie nun auch einfach vorsichtig entfernt werden. Das vorbereitete Hosenteil aufgeklappt und mit der rechten Seite nach oben hinlegen.
6. Das andere Vorder- und Rückteil ebenso anfertigen. Dann beide fertigen Teile rechts auf rechts aufeinanderlegen und an der oberen Schrittrundung bündig zusammenstecken und nähen.
7. Die Hose so drehen, dass die eben genähten Schrittnähte nun mittig übereinanderliegen. Die Innenbeinkanten der Hosenteile passgenau zusammenstecken. Im Schritt die Nahtzugaben der oberen beiden Nähte in verschiedene Richtungen legen, damit es hier beim Vernähen nicht zu dick wird.
8. In einem Zug diese Strecke mit Versäuberungsstich vernähen. Die Hose ist schon fast fertig! Es fehlen noch die Abschlüsse am Bauch und an den Beinen.

9

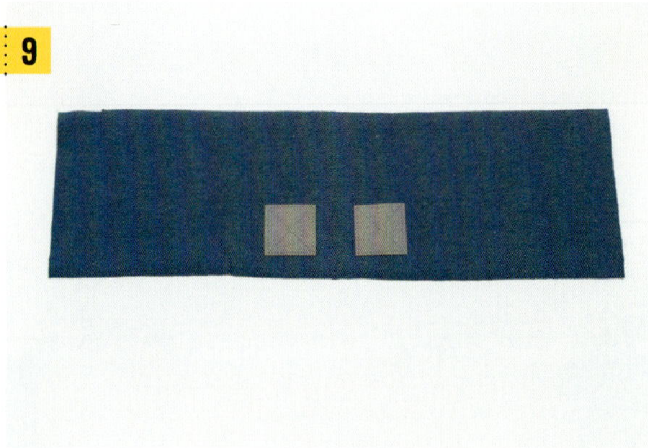

11

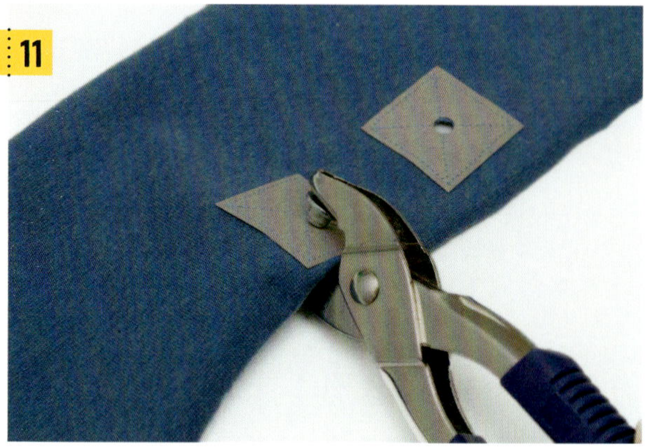

10

12

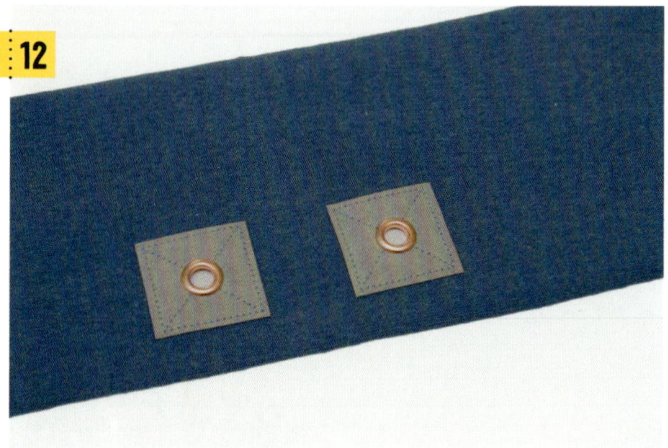

9. Das Bauchbündchen aufgeklappt und mit der rechten Seite nach oben hinlegen. Zwei 4 × 4 cm große SnapPap- oder Lederstücke in der Breite mittig mit einem Abstand von ca. 2–3 cm vom unteren Rand mit einem Geradstich festnähen. Dann noch mal mit einem schmückenden Kreuz feststeppen.
10. Dies bildet die Grundlage für die Ösen, durch die später die Kordel gezogen wird. Von links genau auf dem Kreuz entweder mit Wonderdots (einer kreisrunden Verstärkung) oder mit zurechtgeschnittener Vlieseline die Verstärkung für beide Ösen aufbügeln.
11. Bevor die Ösen gesetzt werden, mit dem mitgelieferten Werkzeug oder einer Zange und dem entsprechenden Aufsatz ein Loch in die Mitte der Verstärkung stanzen. Das Loch sollte genau in der Verstärkung liegen.
12. Dann farblich passende Ösen setzen. Dazu von der Vorder- und Rückseite die Ösenteile vorsichtig in die Löcher fügen und dann mit viel Kraft mit der Zange (oder dem Werkzeug) die Ösenteile zusammendrücken. Testen, ob die Ösen richtig fest sitzen, ggf. fest nachdrücken.

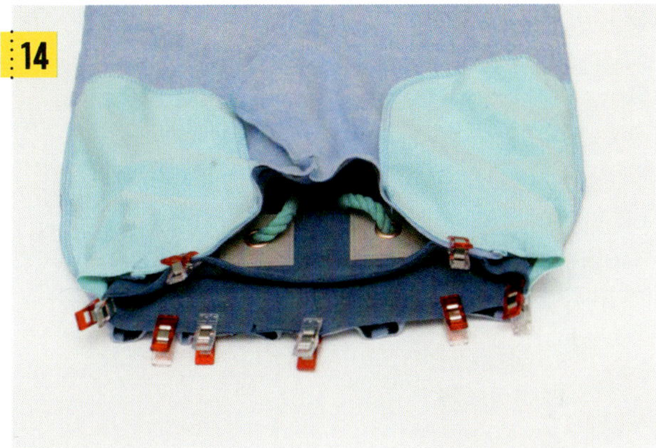


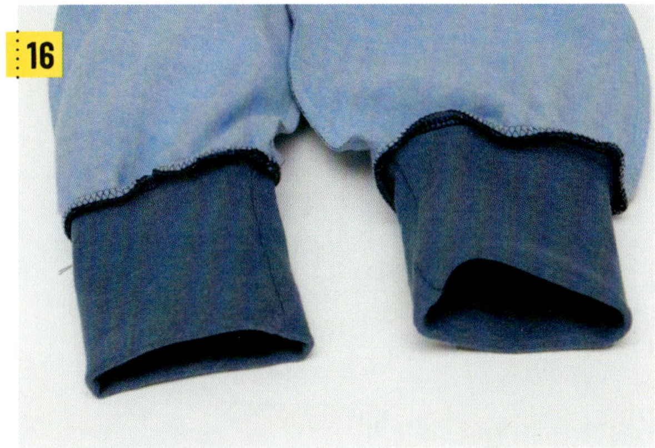


13. Dann das Bauchbündchen mit einer dehnbaren Naht zum Ring schließen und in der Höhe falten. Die Kordel einziehen, die Kordelenden verknoten, damit sie nicht aufribbeln. Im Bündchen die Kordel am oberen Rand festklammern – so kann sie beim Einnähen des Bündchens nicht verrutschen. Nun das Bündchen mithilfe von Nadeln in vier gleich große Abschnitte unterteilen. Eine Nadel an der Bündchennaht setzen und eine an der vorderen Mitte, die beiden anderen mittig dazwischen.
14. Den Hosenbund ebenfalls in vier gleichmäßige Teile unterteilen. Die vordere und hintere Mittelnaht dienen dabei als erste Markierungen. Dann das Bündchen mit der geschlossenen Kante voran in die Hose schieben. Die Ösen liegen dabei oben und treffen auf das Vorderteil der Hose mit den Taschen. Anhand der Markierungen das Bündchen an der Pumphose feststecken. Die Abschnitte zwischen den Markierungen nochmals gleichmäßig feststecken.
15. Das Bauchbündchen unter Dehnen mit einem Versäuberungsstich am Hosenbund festnähen. Dabei das Bündchen abschnittsweise gleichmäßig auf die Länge des Hosenbunds dehnen.
16. Im letzten Schritt die Beinbündchen rechts auf rechts zum Ring schließen und in der Höhe falten. Die Bündchen gedehnt in die Hosenbeine schieben und feststecken, dabei trifft die Bündchennaht auf die Schrittnaht der Hose.

# Shorts

Durch die aufgesetzten Taschen wird diese sommerliche Hose zu einem kontrastreichen Hingucker. Dieses Teil macht alles mit und ist dabei so richtig schön lässig. Eben genau das Richtige für Chiller.

## Was wird gebraucht

| **Stoffbreite 1,4 m** | bis Gr. 116 | bis Gr. 140 | bis Gr. 164 |
|---|---|---|---|
| Sommersweat oder Frottee | 50 cm | 60 cm | 65 cm |
| Jersey (Taschenbeutel) | 30 cm | 30 cm | 30 cm |
| Bündchenstoff | 15 cm | 15 cm | 15 cm |

- SnapPap oder Leder für die Verstärkung
- 2 Ösen, min. Ø 8 mm
- ca. 1 m Kordel
- Wonderdots oder Vlieseline

## Zuschneiden

- **Pumphose/Shorts Vorderteil (SB 7):** 2 × gegengleich aus Sommersweat oder Frottee zuschneiden
- **Pumphose/Shorts Rückteil (SB 7):** 2 × gegengleich aus Sommersweat oder Frottee zuschneiden
- **Pumphose/Shorts Taschenbeutel 2 (SB 7):** 4 × (je 2 × gegengleich) aus Jersey zuschneiden
- **Shorts Gesäßtasche (SB 4):** 2 × (oder 4 × für 2 Taschen) aus Jersey zuschneiden
- **Pumphose/Shorts Bauchbündchen (SB 3):** 1 × im Stoffbruch aus Bündchenstoff zuschneiden

## Variante

Die aufgesetzten Taschen können auch gegen die innen liegenden Taschen der Pumphose ausgetauscht werden. Nach Belieben können auch zwei Gesäßtaschen aufgesetzt werden.

## So geht's

1

3

2

4

1. Je zwei Taschenbeutel mit Eingriff rechts auf rechts aufeinanderstecken und mit einem Dreifachgeradstich an den Rundungen zusammennähen. Die geraden Kanten seitlich und oben bleiben offen. Beide Gesäßtaschen ebenfalls rechts auf rechts zusammennähen. Bei diesen Taschen im unteren Bereich eine 2–3 cm lange Wendeöffnung lassen. Die Nahtzugabe vorsichtig zurückschneiden. Alle Taschenbeutel wenden und mit einem Ecken- und Kantenformer gut ausformen.
2. Den Taschenbeutel für die Vorderseite anhand der Markierungen am Vorderteil der Hose feststecken. Er schließt oben und seitlich bündig mit dem Hosenteil ab. Dann den Taschenbeutel an den großen Rundungen mit einem Dreifachgeradstich ganz nah am Rand festnähen. Die geraden Kanten mit einer Hilfsnaht innerhalb der Nahtzugabe am Vorderteil fixieren.
3. An der Gesäßtasche die Nahtzugabe der Wendeöffnung nach innen legen und gleichmäßig umbügeln. Die Hosentasche anhand der Markierungen auf der Hose platzieren. Nun die Gesäßtasche ebenfalls mit einem Dreifachgeradstich annähen, dabei die Wendeöffnung schließen.
4. Die Eingriffe gegen Ausreißen mit einem Riegel oder Vor- und Rückwärtsnähen sichern. Nach Belieben kann auch auf beiden hinteren Hosenteilen eine Tasche aufgenäht werden.

5

7

6

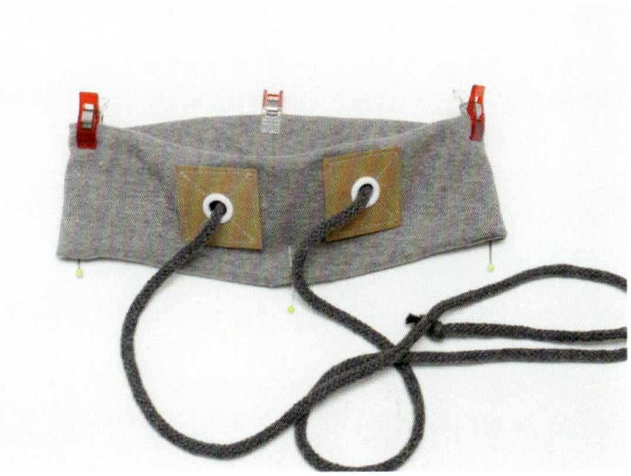

8

5. Die Hose nun wie bei der Pumphose beschrieben weiterarbeiten. Dazu zuerst ein Hosenrückteil rechts auf rechts auf das entsprechende Hosenvorderteil legen. An der geraden Kante mit einem dehnbaren Stich zusammennähen. Dabei wird der Taschenbeutel mitgefasst. Das zweite Hosenteil ebenso anfertigen und dann beide Teile erst an der oberen Schrittnaht und dann an den Beinkanten zusammennähen.
6. Das Bündchen wie bei der Pumphose beschrieben vorbereiten: Als Verstärkung für die Ösen von der Vorderseite SnapPap, Leder oder auch einen anderen festen, nicht dehnbaren Stoff (wie z. B. Jeans) aufnähen. Von der Rückseite Vlieseline oder Wonderdots aufbügeln. Dann die Ösen anbringen. Bündchen zum Ring schließen, Kordel einfädeln und dann falten.
7. Das Bündchen und den Hüftsaum in vier gleichmäßige Teile unterteilen, entsprechend das Bündchen in die Hose stecken und dann gedehnt mit einem Versäuberungsstich annähen.
8. Zum Schluss den Saum an den Beinen entsprechend der Saumzugabe umklappen und mit einem dehnbaren Stich festnähen. Der Sommer kann kommen!

# Leggins

Egal ob solo oder zum Kleid oder Rock – in jedem Mädchen-Kleiderschrank sollten sich diese Leggins geradezu stapeln! Passend für jede Jahreszeit gibt es die langen Leggins sowie die Capri-Länge.

## Was wird gebraucht

| **Stoffbreite 1,4 m** | bis Gr. 116 | bis Gr. 140 | bis Gr. 164 |
|---|---|---|---|
| Jersey | 75 cm | 90 cm | 105 cm |

max. 70 cm Gummibund mit 4,5 cm Höhe

## Zuschneiden

**Leggins (SB 6):** 2 × gegengleich aus Jersey zuschneiden

## Variante

Die Leggins kommen gleich in zwei Längen daher: Die klassischen langen Leggins für kühlere Tage oder die sommerlichen Leggins in Capri-Länge.

**Tipp** Beim Zuschneiden am oberen Bund und an den Beinabschlüssen die Saumzugabe nicht vergessen!

1. Beide Leggins-Teile rechts auf rechts übereinanderlegen und an den oberen Rundungen zusammenstecken. Diesen Teil mit einem dehnbaren Stich zusammennähen.
2. Die Leggins so wenden, dass die eben genähte Naht nun mittig liegt. Die Beine im Schrittbereich zusammenstecken.
3. Und mit einer dehnbaren Naht zusammennähen.
4. Im nächsten Schritt den Gummibund mit einer Länge von ca. 2–3 cm weniger als der Hosenumfang zuschneiden und mit einem Zickzackstich zum Ring schließen. Den Gummiring auf die linke Seite des Hosenbunds stecken.

## So geht's

1

2

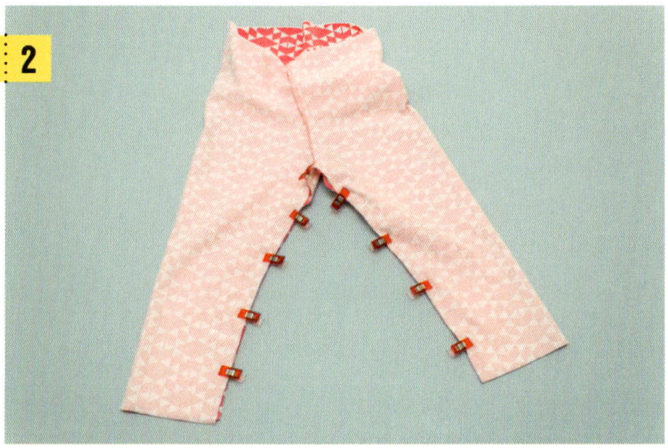

3

4

5

6

5. Den Gummibund leicht gedehnt mit einer dehnbaren Naht annähen. Dann den Gummi nach innen umschlagen, sodass er komplett eingefaltet wird. Den Gummi nun mit einem Zickzackstich oder einem anderen dehnbaren Stich umnähen.

6. Im letzten Schritt die Beine der Leggins säumen. Wenn erwünscht, könnt ihr hier noch die Länge der Beine kürzen.

**Tipp** An der Knopfleiste ist keine Nahtzugabe nötig!

# Overall

Im Sommer sollte die Kleidung leicht und locker sitzen, genauso wie dieser hübsche Einteiler. Reingeschlüpft, und man ist angezogen. Da springen kleine Mädchen noch ein Stückchen höher vor Freude!

## Was wird gebraucht

| Stoffbreite 1,4 m | bis Gr. 116 | bis Gr. 140 | bis Gr. 164 |
|---|---|---|---|
| Jersey (Oberteil) | 50 cm | 55 cm | 60 cm |
| Jersey (Rest) | 75 cm | 90 cm | 105 cm |

- 1,2 m Kordel
- Vlieseline für die Verstärkung der Knopflöcher

## Zuschneiden

**HOSENTEIL:**

- **Chinohose/Overall Vorderteil (SB 4):** 2 × gegengleich aus Jersey zuschneiden
- **Chinohose/Overall Rückteil (SB 4):** 2 × gegengleich aus Jersey zuschneiden
- **Chinohose/Overall Taschenbeutel ohne Eingriff (SB 4):** 2 × gegengleich aus Jersey zuschneiden
- **Chinohose/Overall Taschenbeutel mit Eingriff (SB 4):** 2 × gegengleich aus Jersey zuschneiden
- **Overall Bauchbündchen (SB 4):** 2 × im Stoffbruch aus Jersey zuschneiden

**OBERTEIL:**

- **Overall Vorderteil (SB 8):** 1 × im Stoffbruch aus Jersey zuschneiden
- **Overall Rückteil (SB 8):** 2 × gegengleich aus Jersey zuschneiden
- 60 cm Jerseystreifen mit 4 cm Höhe

## Variante

Für heiße Tage die Beine auf Mitte Oberschenkel kürzen, dann kitzelt die Sonne die Beine. Die Ärmelabschlüsse sehen auch mit den Rollbündchen des schnellen Shirts super aus. Oder ihr arbeitet sie mit Armbündchen (auf SB 4).

## So geht's

1. Das Vorderteil und beide Rückteile rechts auf rechts übereinanderlegen, an den Schultern und seitlich bündig ausrichten und feststecken. Dann an diesen Strecken mit einem dehnbaren Stich zusammennähen. Die Knopfleiste an beiden Rückteilen 1 cm umbügeln und mit einem dehnbaren Stich absteppen.
2. Dann die Knopfleiste erneut 2 cm umfalten. Diese Kante nur durch bügeln markieren, nicht nähen. Später wird sie zur Knopfleiste und erneut nach innen abgesteppt.
3. Jetzt den vorbereiteten, 4 cm hohen Jerseystreifen falten und rechts auf rechts an den Ausschnitt stecken. Dabei den Anfang des Streifens an der Bügelkante nach oben auslaufend feststecken und mit einer Hilfsnaht innerhalb der Nahtzugabe fixieren. Den Streifen gedehnt weiter am Ausschnitt feststecken. Am anderen Ende läuft der Jerseystreifen ebenfalls an der Bügelkante nach oben aus. Den überstehenden Streifen abschneiden.
4. Die Knopfleiste an der Markierung auf die rechte Seite umfalten und über dem Bündchen feststecken. Dann das Bündchen und die Knopfleiste mit einem Versäuberungsstich annähen. Dabei nur den Jerseystreifen dehnen, nicht das Shirt!

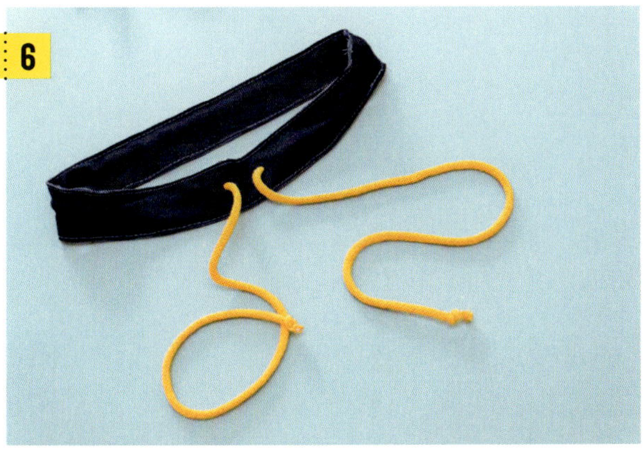

5. Die Knopfleiste zur linken Seite falten. Der Ausschnitt ist nun sauber verarbeitet. Die Knopfleisten feststecken und mit einem Geradstich oder auch einem Zierstich absteppen. Die Knopfleisten an der unteren Kante exakt übereinanderlegen und feststecken. Dann in gleichmäßigen Abständen die Druckknöpfe setzen. Dabei den ersten Druckknopf recht nah am Ausschnitt und den untersten 3–5 cm von der unteren Kante entfernt setzen.
6. Mittig auf dem ersten Bund zwei Knopflöcher nähen für die Kordeldurchführung. Alternativ Ösen anbringen. Dann beide Bundteile rechts auf rechts zum Ring zusammennähen. Bund 1 links auf links in Bund 2 stecken und mit einer Hilfsnaht innerhalb der Nahtzugabe beide Teile zusammennähen. Dann die Kordel einfädeln und den Bund auch an der anderen Seite mit einer Hilfsnaht zusammennähen. Nun ergibt sich ein mit Kordeln versehener Hüftbund.
7. Der fertige Hüftbund wird jetzt rechts auf rechts über das Oberteil gestülpt. Darauf achten, dass die Kordeln am Bund auf das Vorderteil des Shirts treffen. Die Naht des Bunds liegt mittig auf der Knopfleiste des Oberteils. Dann beide Teile mit einem Versäuberungsstich zusammennähen.
8. Die Hose für den Overall bis auf das Bündchen nach der Anleitung der Chinohose anfertigen. Dann werden Oberteil und Chinohose jeweils am Saum in vier gleiche Teile unterteilt und mit Nadeln markiert. Anhand dieser Markierungen beide Teile rechts auf rechts übereinanderstülpen und zusammenstecken. Hier treffen die Taschen der Chinohose auf die Kordeln. Nun mit einem dehnbaren Stich die gesteckten Teile zusammenfügen. Als letzten Schritt die Ärmel des Oberteils säumen.

**Tipp**

Verlängert ihr die Träger um ein paar Zentimeter, können die Knöpfe später einfach versetzt werden.

# Latzrock

Dieser niedliche Rock sieht nicht nur zur Bluse toll aus, er kann im Sommer auch prima zu einem Shirt getragen werden. Jersey im Jeanslook macht das Modell zu einem perfekten Allrounder.

## Was wird gebraucht

| Stoffbreite 1,4 m | bis Gr. 116 | bis Gr. 140 | bis Gr. 164 |
|---|---|---|---|
| fester Jersey | 55 cm | 65 cm | 75 cm |
| Jersey (Innenseite Latz) | 25 cm | 30 cm | 35 cm |
| Vlieseline (Latz) | 20 cm | 25cm | 30 cm |

- 4 oder mehr Knöpfe
- Paspelband: 60 cm, 70 cm, 80 cm
- Spitzenband: 1,4 m, 1,6 m, 1,8 m

## Zuschneiden

- **Latzrock Rockteil (SB 7):** 2 × im Stoffbruch aus festem Jersey zuschneiden
- **Latzrock Träger (SB 1):** 2 × aus festem Jersey zuschneiden
- **Latzrock Latz (SB 1):** je 1 × im Stoffbruch aus festem Jersey und Jersey zuschneiden
- **Latzrock Bund (SB 1):** 4 × im Stoffbruch, davon 2 × aus festem Jersey und 2 × aus Jersey, zuschneiden

## Variante

Respekt vorm Knopflochnähen? Druckknöpfe sind eine gute Alternative! Einen schnellen gerafften Rock zaubert ihr, indem der Latz und die Träger einfach weggelassen werden.

## So geht's

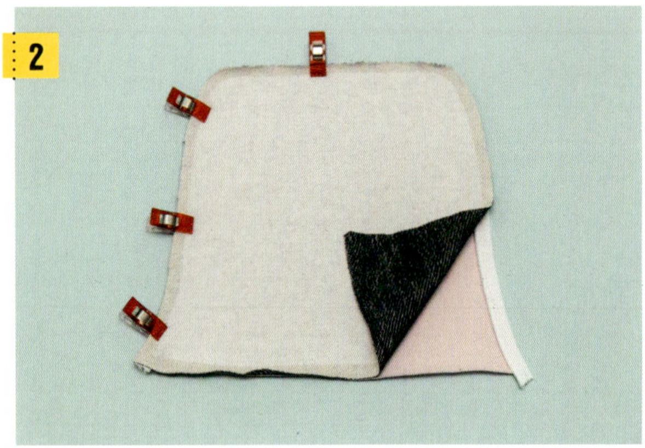

1. Auf die rechte Seite des inneren Latzteils ein Paspelband (wie auf Seite 28 beschrieben) aufnähen, die Verdickung der Paspel zeigt in das Nähstück hinein. Die Paspel entlang der Seiten- und Oberkante mit einem Reißverschluss- oder Paspelfuß annähen.
2. Zuerst das äußere Latzteil mit einer leichten Vlieseline verstärken. Dann beide Latzteile rechts auf rechts übereinanderlegen und entlang der Außenkante zusammennähen. Dabei genau der eben genähten Paspelnaht folgen, damit diese später ideal sitzt.
3. Die Nahtzugabe besonders an den Rundungen vorsichtig zurückschneiden, den Latz wenden und gut bügeln. Dann von der rechten Seite die Paspel absteppen.
4. Die Position der Knopflöcher vom Schnittmuster übernehmen und mit einem Trickmarker auf dem Latz kennzeichnen. An der Nähmaschine den Knopflochfuß einsetzen und beide Knopflöcher entsprechend der Knopfgröße nähen.

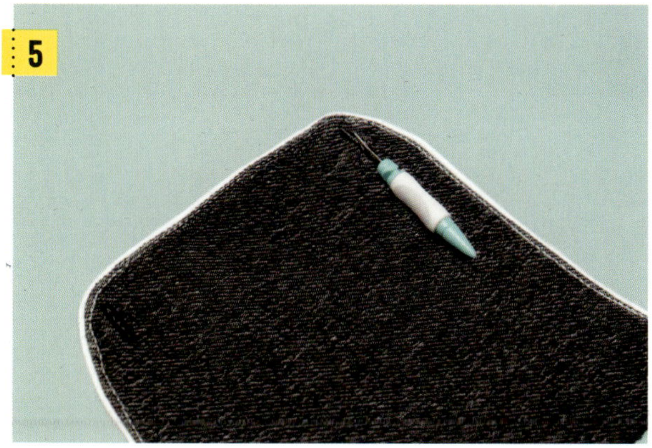

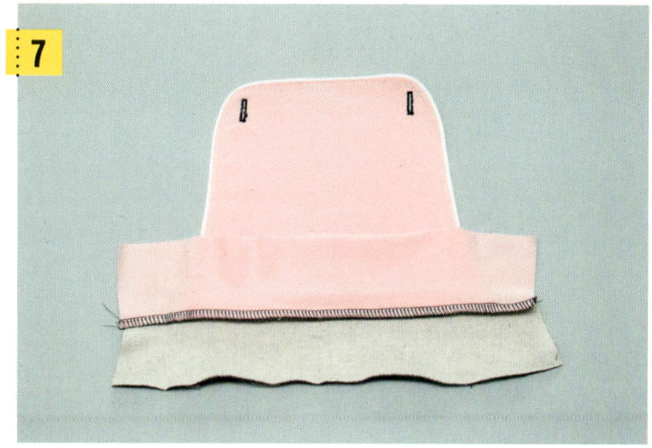

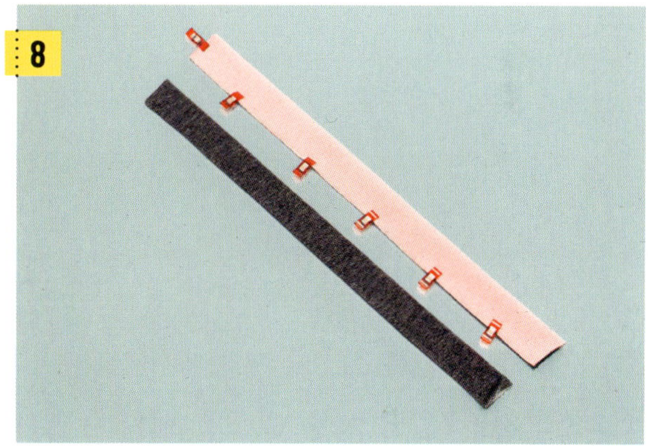

5. Mit dem Nahttrenner ganz vorsichtig die Knopflöcher auftrennen, dabei millimeterweise vorgehen, um die Knopflochnaht nicht zu beschädigen.
6. Den ersten äußeren Bund mit der rechten Seite nach oben hinlegen, den Latz rechts auf rechts mittig auf die obere Bundkante legen. Den ersten inneren Bund nun rechts auf rechts darauflegen. Im Bild ist sichtbar, dass die Innenseite des Latzes auf die Innenseite des Bunds trifft. Das Gleiche gilt für die Außenseite des Latzes und des Bunds.
7. Dann mit einem dehnbaren Stich alle drei Teile entlang der obere Bundkante zusammennähen. Gut darauf achten, dass alle Schichten in der Naht mitgefasst werden.
8. Nun die Träger rechts auf rechts falten, sodass sie nur noch halb so breit sind. Mit einem dehnbaren Stich die Träger an der langen Seite und der geraden kurzen Seite zusammennähen. Die Nahtzugabe in den Ecken zurückschneiden und die Träger mithilfe eines Kochlöffels oder eines anderen langen Werkzeugs wenden. Dann diese kräftig bügeln und nach Belieben entlang der geschlossenen Seiten absteppen.

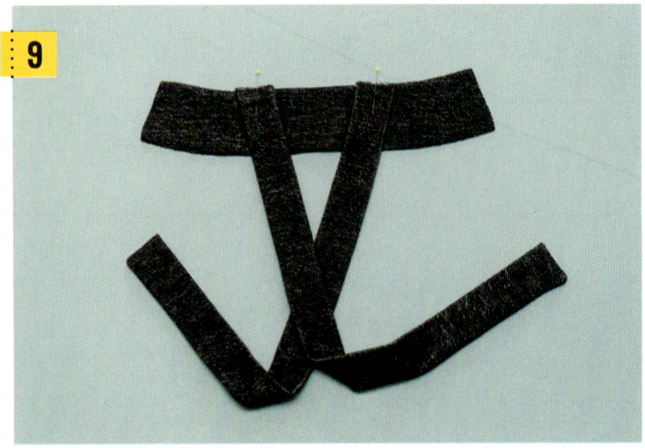

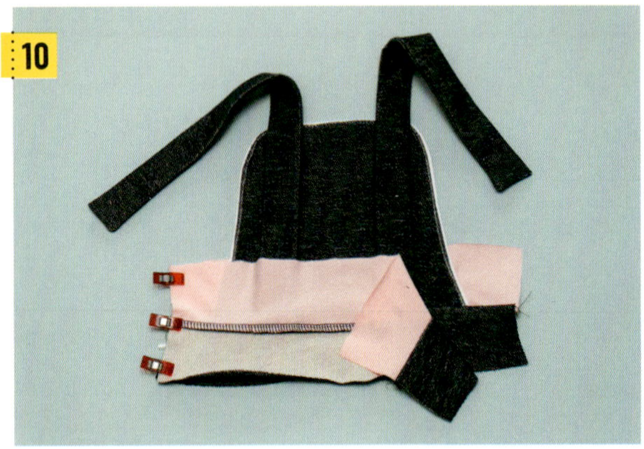

9. Wie beim Latz beschrieben, die Träger nun zwischen die anderen zwei Bundteile stecken. Dabei den Bund mit Stecknadeln dritteln, um den optimalen Sitz für die Träger zu erhalten. Die abgeschrägte Seite des Trägers wird nun an der oberen Bundkante angesteckt. Die Trägerkante passt durch die Schräge genau an den Bund.
10. Das zweite innere Bundteil rechts auf rechts darauflegen und an der oberen Kante die beiden Bundteile zusammennähen. Die Träger werden in der Naht mitgefasst. Dann den Latzbund und den Trägerbund aufgeklappt rechts auf rechts zusammenlegen. An den Außenkanten gut feststecken. Darauf achten, dass die Nahtzugaben in verschiedene Richtungen zeigen, die Bundteile jedoch exakt übereinanderliegen. Die Außenkanten mit einem dehnbaren Stich zusammennähen.
11. Nun den Bund nach unten klappen, gut bügeln und an der Oberkante mit einem dehnbaren Stich absteppen.
12. Die Rockteile rechts auf rechts mit einem Versäuberungsstich an den Außenkanten zusammennähen. Dann den Bund des Rocks mit Framilonband oder mit der Zwei-Faden-Methode, wie auf Seite 29 beschrieben, auf das Maß des Latzteils raffen.

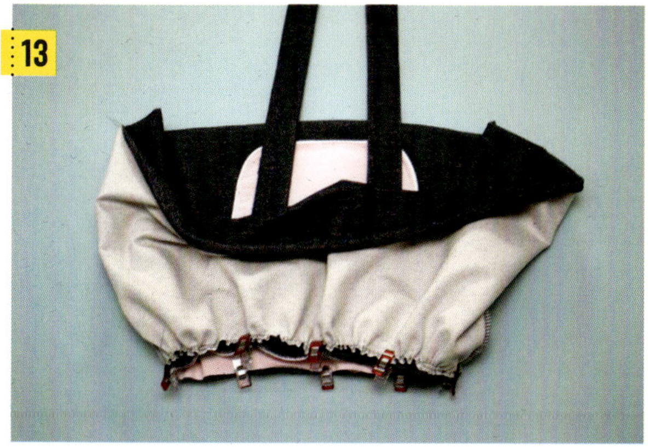

13. Den Rock rechts auf rechts über das Latzteil stülpen, die Seitennähte des Rocks und des Latzteils treffen dabei aufeinander. Alles gleichmäßig feststecken und dann den Rock an das Latzteil nähen. Beim Zusammennähen darauf achten, dass das Latzteil oben liegt, damit der Nähfuß die Falten nicht verschieben kann.
14. Die untere Kante des Rocks mit der Overlock versäubern. Den Rocksaum entsprechend der Saumzugabe umbügeln und dann feststeppen.
15. Die Spitze so auf die Innenseite des Saums stecken, dass sie ein wenig aus dem Rock hervorblitzt. Das dehnbare Spitzenband an der Seitennaht beginnend verstecken. Anfang und Ende werden dabei leicht schräg übereinandergelegt.
16. Im letzten Schritt das Spitzenband mit einem dehnbaren Stich aufnähen. Dazu eine Garnfarbe im Ton der Spitze wählen, dies bildet auf der rechten Seite eine schöne Wiederholung der Farbe und lässt die Naht auf der Rückseite verschwinden.

**Tipp**

Wählt einen leichten Jerseystoff damit die Raffungen schön fallen. Zusätzlich kann zwischen Knopfleiste und Vorderteil eine dehnbare Paspel mit eingenäht werden.

# Sonntagskleid

Mit dem süßen Bubikragen und der geschummelten Knopfleiste ist das Kleid ein wahrer Mädchentraum. Hier lassen sich wunderbar zarte Töne miteinander kombinieren, z. B. Pastellfarben mit Weiß.

## Was wird gebraucht

| **Stoffbreite 1,4 m** | bis Gr. 116 | bis Gr. 140 | bis Gr. 164 |
|---|---|---|---|
| Jersey Oberteil | 45 cm | 50 cm | 55 cm |
| Jersey Unterteil | 45 cm | 50 cm | 80 cm |

- 1 m Framilonband
- 30 cm Vlieseline für die Verstärkung des Bubikragens
- 65 cm dehnbares Paspelband
- 5–8 Knöpfe

## Zuschneiden

- **Sonntagskleid vorderes Oberteil (SB 6):** 1 × im Stoffbruch aus Jersey zuschneiden
- **Sonntagskleid hinteres Oberteil (SB 6):** 1 × im Stoffbruch aus Jersey zuschneiden
- **Sonntagskleid Ärmel (SB 6):** 2 × gegengleich aus Jersey zuschneiden
- **Sonntagskleid Bubikragen (SB 6):** 2 × im Stoffbruch aus Jersey zuschneiden
- **Sonntagskleid Knopfleiste (SB 6):** 1 × aus Jersey zuschneiden
- **Sonntagskleid vorderer und hinterer Beleg (SB 6):** je 1 × im Stoffbruch aus Jersey zuschneiden
- **Sonntagskleid Rockteil (SB 8):** 1 × mit und 1 × ohne Eingriffe im Stoffbruch aus Jersey zuschneiden
- **Sonntagskleid Taschenbeutel mit Eingriff (SB 6):** 2 × gegengleich aus Jersey zuschneiden
- **Sonntagskleid Taschenbeutel ohne Eingriff (SB 8):** 2 × gegengleich aus Jersey zuschneiden

## So geht's

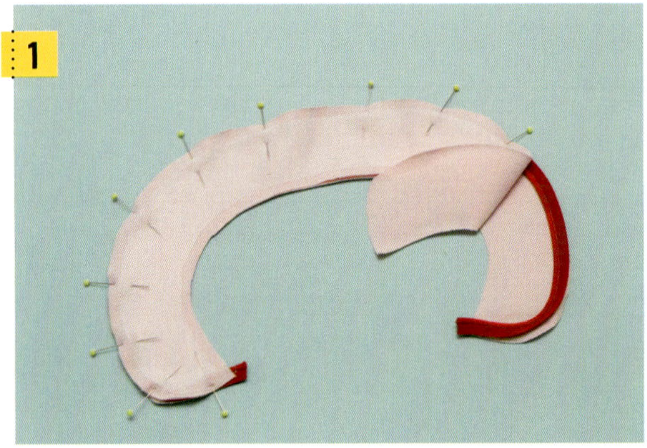


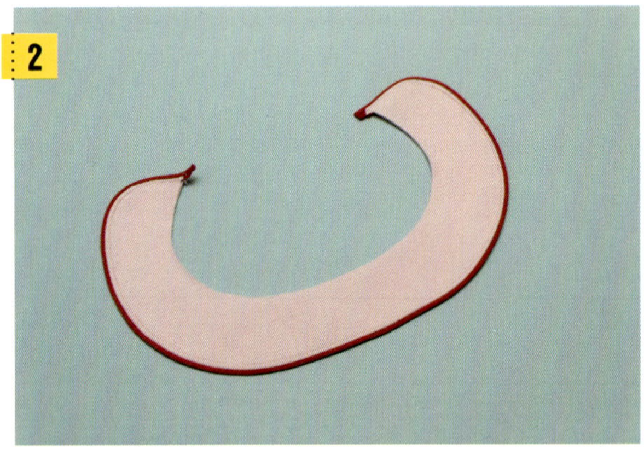

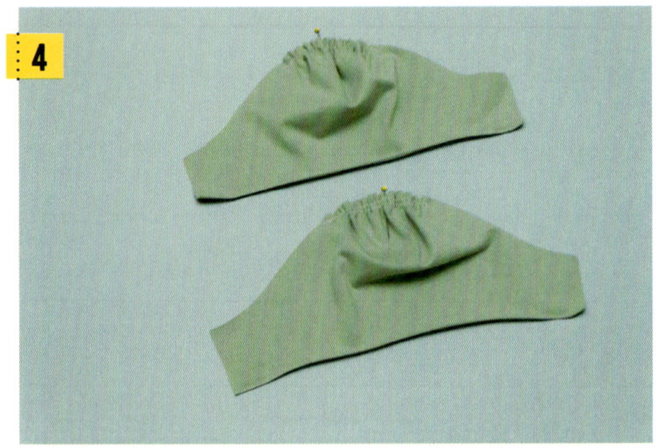


1. Aus aufbügelbarer, leichter Vlieselinie (H 200) den Bubikragen ohne Nahtzugabe zuschneiden. Diesen auf die linke Seite des äußeren Bubikragens aufbügeln. Auf den inneren Bubikragen entlang der Außenkante der rechten Seite eine Paspel aufnähen. Die beiden Kragenteile als nächstes bündig rechts auf rechts zusammenstecken.
2. Mit einem Geradstich entlang der äußeren Rundung zusammennähen. Die Nahtzugabe zurückschneiden und den Bubikragen wenden. Die Rundungen schön ausformen und gut bügeln. Dann von der rechten Seite die Paspel absteppen.
3. An der Knopfleiste die seitliche Nahtzugabe umbügeln und die Leiste dann mittig auf das Vorderteil stecken; sie schließt dabei am unteren Rand und oben am Ausschnitt bündig ab. Mit einem Geradstich die Knopfleiste knappkantig auf das Vorderteil steppen. Nach Belieben kann noch ein Paspel- oder Rüschenband mitgefasst werden.
4. Im nächsten Schritt die Ärmel für das Festnähen vorbereiten. Dazu die Ärmel an den markierten Stellen auf die Hälfte zusammenraffen. Das geht prima mit Framilonband oder auch mit der Zwei-Faden-Methode, beschrieben auf Seite 29.

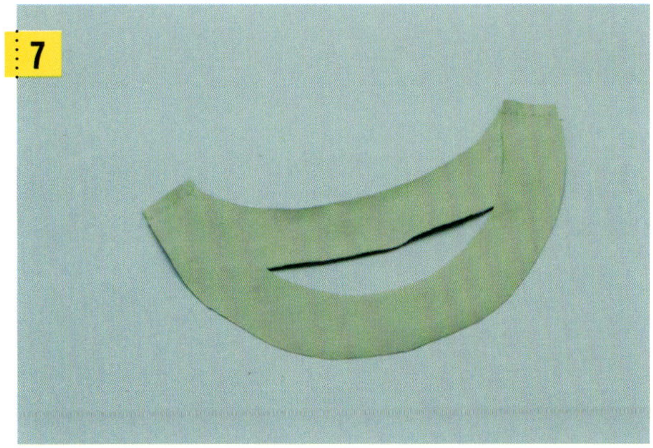


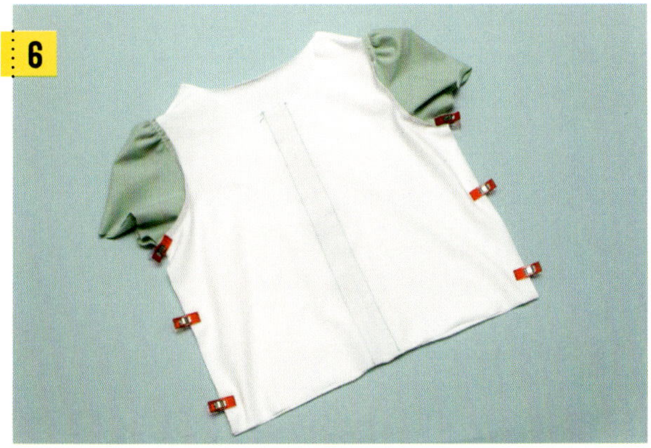


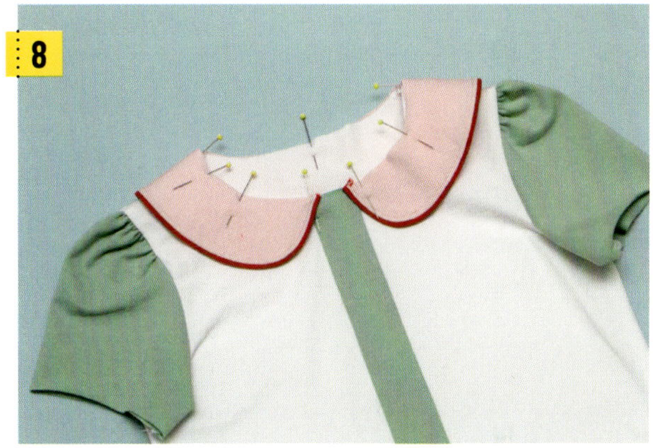


5. Vorder- und Rückteil rechts auf rechts zusammenstecken und an den Schultern mit einem dehnbaren Stich zusammennähen. Das Nähstück aufgeklappt mit der rechten Seite nach oben hinlegen und die Ärmel rechts auf rechts anstecken. Mit der Schultermarkierung beginnen und darauf achten, dass die Vorderteile von Ärmel und Kleid aufeinanderliegen.
6. Die Ärmel nun gleichmäßig weiter entlang der Armkugel feststecken. Beide Ärmel mit einem dehnbaren Stich annähen. Vorder- und Rückteil nun so falten, dass sie rechts auf rechts übereinanderliegen. An den Seiten- und Unterarmkanten zusammenstecken und mit einem dehnbaren Stich zusammennähen.
7. Den hinteren und vorderen Beleg rechts auf rechts an den Schultern zusammenstecken und mit einem Dreifachgeradstich zusammennähen.
8. Den Bubikragen an der hinteren Mitte beginnend gleichmäßig am Ausschnitt des Oberteils feststecken. Der Kragen schließt vorne nicht ganz, es bleibt eine 3 cm große Lücke. Also nicht darüber wundern.

9. Den Beleg wiederum rechts auf rechts über dem Bubikragen feststecken. Nun mit einem Versäuberungsstich alle drei Teile an den Ausschnitt nähen. Langsam und vorsichtig nähen, damit alle Schichten mitgefasst werden.
10. Den Beleg nach innen falten und dann unter dem Bubikragen von der rechten Seite mit einem dehnbaren Stich doppelt absteppen. Zuerst von der linken Seite direkt auf der Nahtzugabe nähen. Mit der zweiten Steppnaht von der rechten Seite den Beleg knappkantig an das Oberteil nähen. Nicht über die Knopfleiste nähen! Jetzt die Knöpfe auf die Knopfleiste nähen; der oberste Knopf sitzt auf dem Beleg. Dann mit einem Abstand von ca. 4 cm weitere Zierknöpfe annähen. Diese mit dem Knopfannähfuß der Nähmaschine befestigen oder von Hand mit ein paar Stichen sichern. Den untersten Knopf mit einem Abstand von ca. 4 cm zur Unterkante anbringen.
11. Jetzt das Rockteil vorbereiten, die Taschenbeutel werden wie bei der Chinohose (ab Seite 84 beschrieben) genäht: Als Erstes die Taschenbeutel mit Eingriff rechts auf rechts auf das vordere Rockteil nähen. Die Eingriffe des Rocks und der Taschenbeutel liegen dabei bündig. Die Taschenbeutel mit einem dehnbaren Stich annähen. Dann auf die linke Seite klappen und die Eingriffe absteppen. Beide Taschenbeutel auf die linke Seite klappen und den Eingriff knappkantig absteppen. Nun den Taschenbeutel ohne Eingriff rechts auf rechts entlang der Rundung auf den bereits angenähten Taschenbeutel stecken. Achtung! Nur die Taschenbeutel zusammenstecken und nicht am Rockteil befestigen!
12. Das hintere Rockteil am besten mit Framilonband auf das Maß des Oberteils raffen. Beim Raffen mit Fäden nach dem Annähen des Rockteils die Hilfsfäden entfernen.

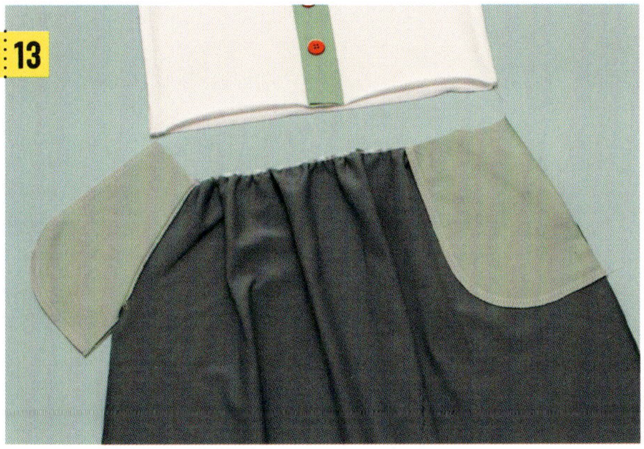

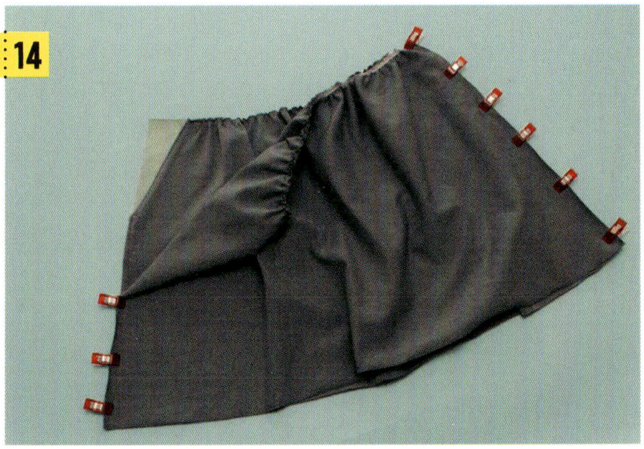


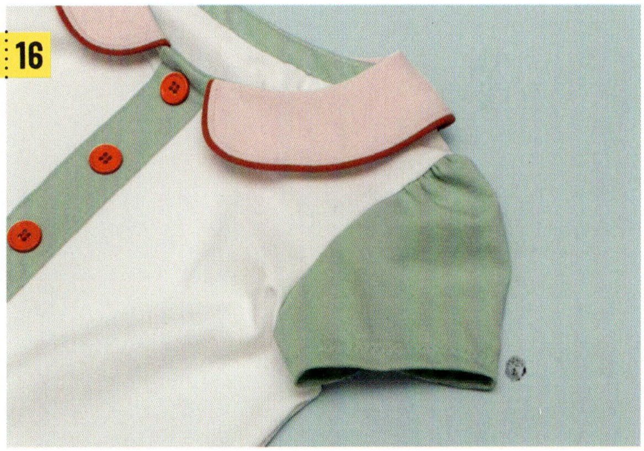


13. Das vordere Rockteil an der oberen Kante auf das Maß des Oberteils raffen. Dabei werden die Taschenbeutel nicht gerafft, nur der Bereich zwischen den Taschenbeuteln. Dazu die Taschenbeutel zur Seite klappen und auf die Strecke zwischen den Taschenbeuteln Framilonband gedehnt aufnähen. Beim Raffen darauf achten, dass das Rockteil inklusive Taschenbeutel auf das Maß des Oberteils gerafft wird. Die Taschenbeutel zurückklappen und am oberen Rand über der Raffung mit einem Heftstich sichern. Seitlich ebenso ans Rockteil heften.
14. Hinteres und vorderes Rockteil sind nun auf ein gleiches Maß gerafft. Beide Teile rechts auf rechts übereinanderlegen und seitlich zusammenstecken. Dann seitlich je mit einer dehnbaren Naht verbinden.
15. Den Rock rechts auf rechts über das Oberteil stülpen. Das vordere Rockteil mit den Taschen trifft dabei auf das Vorderteil mit der Knopfleiste. Die Seitennähte liegen direkt übereinander. Beide Teile gleichmäßig feststecken und mit einem Versäuberungsstich annähen. Langsam und gleichmäßig nähen, das Framilonbad verschwindet dabei in der Naht. Wurde mit Fäden gerafft, jetzt die Hilfsfäden vorsichtig entfernen.
16. Im letzten Schritt die Ärmel sowie das Rockteil säumen, wie auf Seite 25 beschrieben. Sehr schön sieht hier auch ein Zierstich in Kontrastfarbe aus.

**Tipp**

Nicht vergessen: Die Eingriffe am Taschenbeutel und am Vorderteil ohne Nahtzugabe zuschneiden. Diese werden später eingefasst.

# Mädchenrock

Niedlich, lässig oder einfach und schlicht lässt sich dieser vielseitige Rock nähen. In den Taschen können alle wichtigen Fundstücke unterwegs gesammelt werden, egal ob Edelsteine oder Kastanien.

## Was wird gebraucht

| Stoffbreite 1,4 m | bis Gr. 116 | bis Gr. 140 | bis Gr. 164 |
|---|---|---|---|
| Sweat | 35 cm | 40 cm | 45 cm |
| Jersey | 15 cm | 15 cm | 15 cm |
| Bündchenstoff | 15 cm | 15 cm | 15 cm |

- 2 Jerseystreifen in der Länge der Tascheneingriffe mit 4 cm Höhe
- 1,1 m Jerseystreifen als Bindeband mit 3 cm Höhe
- 2 Verstärkungsvierecke 4 × 4 cm aus SnapPap
- Wonderdots oder Vlieseline für die Ösenverstärkung
- 2 Ösen, min. Ø 6 mm

## Zuschneiden

- **Mädchenrock Vorderteil (SB 5):** 1 × im Stoffbruch aus Sweat zuschneiden
- **Mädchenrock Rückteil (SB 5):** 1 × im Stoffbruch aus Sweat zuschneiden
- **Mädchenrock Taschenbeutel 1 (SB 3):** 2 × gegengleich aus Sweat zuschneiden
- **Mädchenrock Taschenbeutel 2 (SB 3):** 2 × gegengleich aus Jersey zuschneiden
- **Mädchenrock Bündchen (SB 5):** 1 × im Stoffbruch aus Bündchenstoff zuschneiden
- **Mädchenrock mittleres Bündchen (SB 6):** 1 × aus Sweat zuschneiden

## Variante

Ganz süß wird der Rock, wenn er noch zusätzlich mit Rüschen oder einer Zackenlitze am Saum verziert wird. So richtig cool hingegen wird er mit groben Covernähten an den Tascheneingriffen und am Saum.

## So geht's

1

3

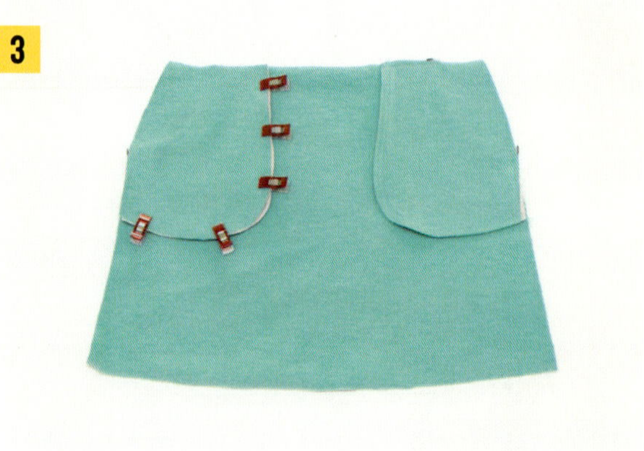

2

4

1. Zuerst die Taschenbeutel links auf links (Achtung!) auf das Vorderteil stecken, dazu liegt der Rock mit der linken nach Seite nach oben. Die Tascheneingriffe dabei gut ausrichten, sodass sie bündig liegen. Dann diese mit einer Hilfsnaht nah am Rand fixieren.
2. Die Eingriffe jetzt mit dem Jerseystreifen oder dehnbarem Schrägband einfassen, dazu der Anleitung auf Seite 27 folgen.
3. Jetzt jeweils den anderen Taschenbeutel rechts auf rechts auf die Taschen stecken und mit einer dehnbaren Naht beide Taschenbeutel zusammennähen. Achtung! Die Taschenbeutel nicht an den Rock nähen! Die Taschen seitlich und oben am Bund mit einer Hilfsnaht innerhalb der Nahtzugabe am Vorderteil fixieren.
4. Das Vorderteil mit den fertigen Taschen so hinlegen, dass die rechte Seite oben liegt. Das Rückteil des Rocks rechts auf rechts darauflegen, an den Seiten zusammenstecken und mit einem dehnbaren Stich beide Rockteile seitlich zusammennähen. Im Bereich der Taschen langsam und sorgfältig nähen, damit sich nichts verschiebt.

5

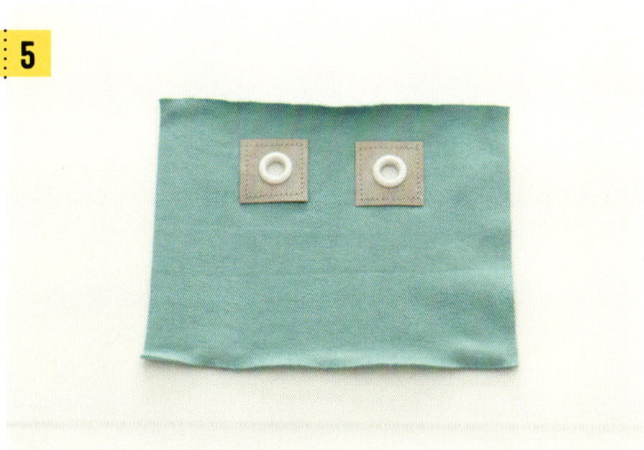

6

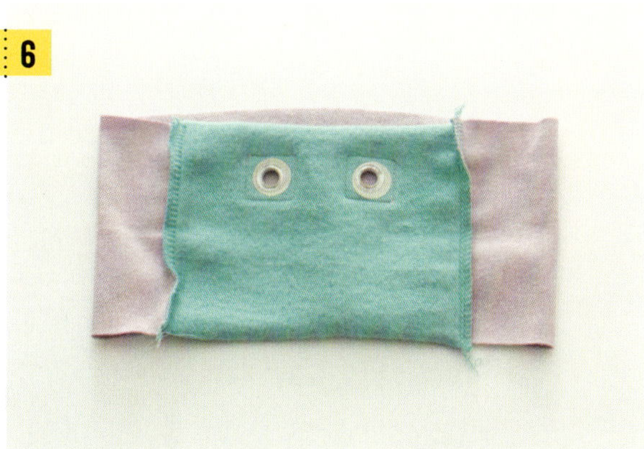

7

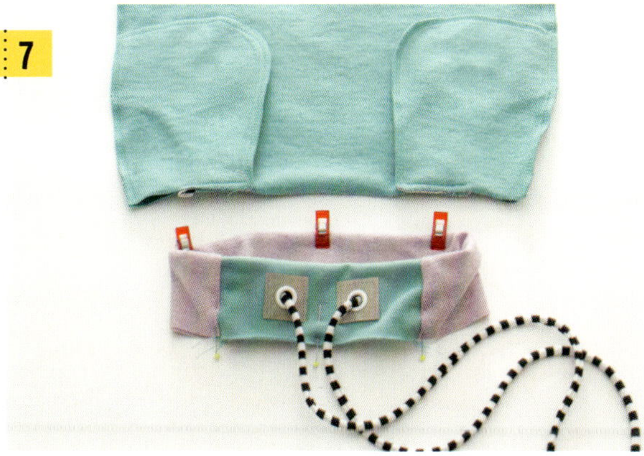

8

5. Ösen am mittleren Bündchenstück wie bei der Pumphose ab Seite 90 anbringen. Die Ösen auf der Vorderseite mit SnapPap und auf der Rückseite mit Vlieseline verstärken.
6. Dann das hintere Bündchen rechts auf rechts mit beiden kurzen Seiten an das mittlere Bündchenstück nähen. So entsteht ein Bündchenring. Einen 3 cm hohen Jerseystreifen mit einer Länge von ca. 1,1 m dehnen, bis er sich zu einer Schnur zusammenrollt. Dies wird das Bindeband des Rocks.
7. Das Bündchen in der Höhe falten. Den Jerseystreifen als Bindeband durch die Ösen in den Bund einziehen. Das Band nun an der oberen Bündchenseite festklammern, damit es nicht versehentlich in die Naht gerät. Am Bündchen vordere und hintere Mitte mit Nadeln markieren. Dann das Bündchen (siehe Foto) in den auf links gedrehten Rock hineinschieben; die Ösen treffen dabei auf die Taschen an der Vorderseite des Rocks.
8. Das Bündchen gleichmäßig einnähen. Dann den unteren Rand des Rocks nach der Anleitung auf Seite 25 für einen runden Saum säumen. Als letzten Schritt mit dem Bindeband eine süße Schleife binden.

# Wendebeanie

Ein Beanie ist nicht nur ein modisches Statement, sondern noch dazu eine praktische Kopfbedeckung – glücklicherweise hat dieser Beanie gleich zwei Seiten zum Abwechseln – Langeweile, go home!

## Was wird gebraucht

- 35 cm Sweat oder Sommersweat
- 35 cm Jersey

## Zuschneiden

- **Wendebeanie Mützenteil (SB 4):** je 2 × aus Sweat oder Sommersweat und aus Jersey zuschneiden

## Variante

Die Mütze kann auch doppellagig aus Jersey genäht werden, dazu im Zweifel eine kleinere Größe wählen oder zwischen die beiden Mützenteile ein schmales Bündchen einnähen.

**Tipp**

Der Beanie passt optimal zum Dreieckstuch. Wenn ihr beides aus den gleichen Stoffen näht, ergibt das ein tolles Set!

## So geht's

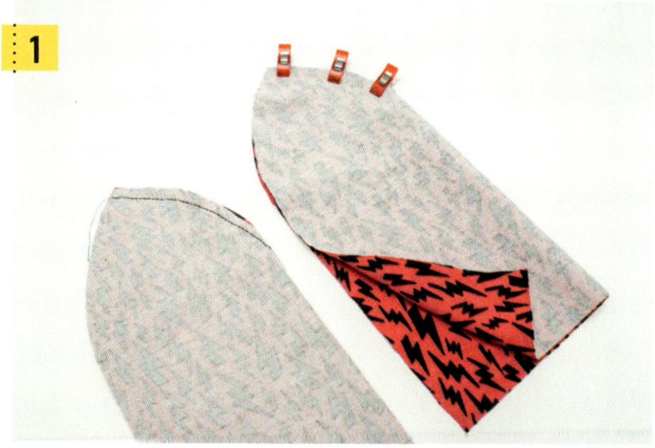

1. Die einzelnen Mützenteile rechts auf rechts falten und an den mittleren Rundungen zusammenstecken. Mit einem Dreifachgeradstich entlang dieser Rundung nähen. Dabei am oberen Zipfel beginnen und über die Rundung hinwegnähen, dann möglichst flach in die Seite hineinnähen, damit sich später eine schöne Rundung ergibt.
2. Jetzt die passenden vorbereiteten Mützenteile rechts auf rechts aufeinanderstecken. Dabei darauf achten, dass die Zipfelnähte oben exakt übereinanderliegen. Den äußeren Beanie in einem Schwung mit einem dehnbaren Stich zusammennähen. Am inneren Beanie seitlich eine Wendeöffnung von ca. 8 cm lassen.
3. Eines der Beanie-Teile auf rechts drehen und in das andere, auf links gedrehte hineinschieben. Am unteren Rand gut ausrichten und zusammenstecken. Dabei auch hier darauf achten, dass die Nähte der beiden Beanies exakt übereinanderliegen.
4. Die Mützenteile am unteren Rand mit einer dehnbaren Naht zusammennähen. Den Beanie durch die Wendeöffnung hindurchziehen und dann mit einem Zauberstich (wie auf Seite 22 beschrieben) die Öffnung schließen.

# Dreieckstuch

Ein richtig schön großes Tuch als modisches Statement: Aus leichten Stoffen genäht, bekommt man den Allrounder, näht ihr es aus Sweat, wird daraus ein warmes Tuch, passend zur Wintermütze.

## Was wird gebraucht

- 50 cm Sweat oder Sommersweat
- 50 cm Jersey

## Zuschneiden

- **Dreieckstuch (SB 8):** 2 × im Stoffbruch aus Jersey oder Sweat zuschneiden

## Variante

Ein tolles Hippie-Tuch entsteht, wenn Fransen, Bommelborten oder Ähnliches beim Zusammennähen beider Tuchteile zwischengefasst werden.

**Tipp**

Das Wendetuch passt optimal zum Beanie. Wenn ihr beides aus den gleichen Stoffen näht, ergibt das ein tolles Set!

## So geht's

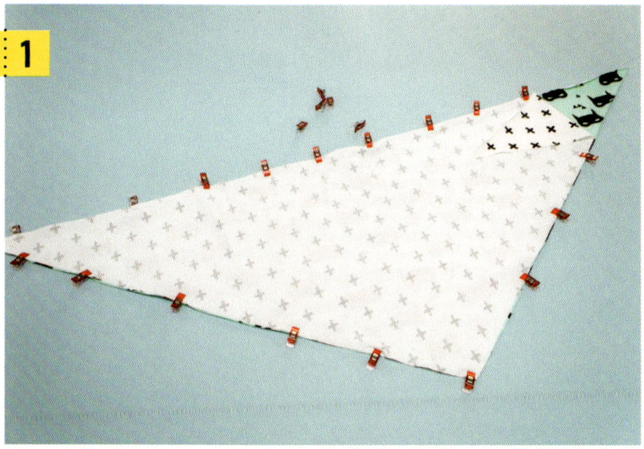

1. Beide zugeschnittenen Tuchteile rechts auf rechts übereinanderlegen und zusammenstecken. Dabei besonders darauf achten, dass die Ecken exakt übereinanderliegen.
2. Vorder- und Rückseite des Tuchs mit einem Dreifachgeradstich zusammennähen. Beginnend auf einer geraden Strecke bis zur ersten Ecke nähen, dort die Nadel im Stoff versenken, den Nähfuß heben und den Stoff drehen. So weiternähen bis ca. 12 cm vor Nahtbeginn. Hier die Naht gut sichern und so eine Wendeöffnung lassen.
3. An allen drei Ecken die Nahtzugabe zurückschneiden, dann das Tuch wenden und die Spitzen mit einem Ecken- und Kantenformer oder einem ähnlichen Werkzeug gut herausformen.
4. Die Wendeöffnung mit dem Zauberstich (wie auf Seite 22 beschrieben) schließen oder das Tuch ringsherum absteppen und so die Öffnung schließen. Abschließend das Tuch bügeln.

# Wendestulpen

Beinstulpen sehen eigentlich immer großartig aus, egal ob zu Rock oder Kleid oder für den Ballettunterricht. Diese vereinen gleich zwei Designs in einem – für alle, die sich nicht entscheiden können.

## Was wird gebraucht

| **Stoffbreite 1,4 m** | Bis Gr. 116 | Bis Gr. 140 | Bis Gr. 164 |
|---|---|---|---|
| Jersey | 30 cm | 40 cm | 50 cm |
| Sweat oder Sommersweat | 30 cm | 40 cm | 50 cm |
| Bündchenstoff | 10 cm | 10 cm | 10 cm |

## Zuschneiden

- **Wendestulpen Stulpenteil (SB 8):** je 2 × im Stoffbruch aus Sweat oder Sommersweat und Jersey zuschneiden
- **Wendestulpen Bündchen (SB 8):** 4 × im Stoffbruch aus Bündchenstoff zuschneiden

## So geht's

1

3

2

4

1. Alle vier Stulpenteile in der Breite gefaltet rechts auf rechts stecken und mit einem dehnbaren Stich zusammennähen. An den Innenstulpen jeweils eine Wendeöffnung von ca. 6 cm lassen. Die vier Bündchen ebenfalls rechts auf rechts im Stoffbruch zum Ring nähen. Die äußeren Stulpen wenden.
2. Die Bündchen in der Höhe falten und gedehnt rechts auf rechts, einmal oben und einmal unten, auf die äußeren Stulpen stecken. Nun über dieses Paket die inneren Stulpenteile rechts auf rechts darüberziehen und an der oberen Seite feststecken. Nun stecken also innerer und äußerer Stulpenteil übereinander – dazwischen befindet sich das gefaltete Bündchen. An beiden Stulpen diese drei Schichten mit einer dehnbaren Naht und gleichmäßig gedehntem Bündchen zusammennähen. Am unteren Ende bleiben die Schichten locker liegen.
3. Die Stulpe auseinanderziehen, sodass ein langer Schlauch entsteht. Die beiden Schlauchöffnungen nun rechts auf rechts – wie im Bild – zum Ring zusammenstecken. Wieder treffen hier alle drei Schichten aufeinander: inneres und äußeres Bündchenteil und dazwischen das gedehnte Bündchen. Mit einem dehnbaren Stich zusammennähen.
4. Jetzt die Stulpe durch die Wendeöffnung hindurchziehen, dabei entwirrt sich der „magische" Kreis und heraus kommt die fast fertige Stulpe. Im letzten Schritt nun nur noch die Wendeöffnung schließen.

# Turnbeutel

Ein schöner Rucksack für den Sportunterricht, die Ballettstunden oder für eine Runde um den Block. Mit dem Teil hat man die Hände frei für wichtige Sachen: Fahrradfahren, Klettern oder Eisessen.

## Was wird gebraucht

- 45 cm Sweat oder Sommersweat für den äußeren Beutel
- 45 cm Jersey für den inneren Beutel und den Tunnelzug
- ca. 3 m Kordel
- evtl. 80 cm Paspelband
- 40 cm Schrägband oder Webband

## Zuschneiden

- **Turnbeutel Innen/Außenbeutel (SB 4):** erst den inneren Beutel 1 × im Stoffbruch aus Jersey zuschneiden. Dann: Schnittmuster an der Trennlinie teilen
- **Turnbeutel Innen/Außenbeutel (SB 4):** Außenbeutel oben 2 × aus Sweat zuschneiden
- **Turnbeutel Innen/Außenbeutel (SB 4):** Außenbeutel unten 1 × im Stoffbruch aus Sweat zuschneiden
- **Turnbeutel Tunnelzug (SB 4):** 2 × aus Jersey zuschneiden

## So geht's

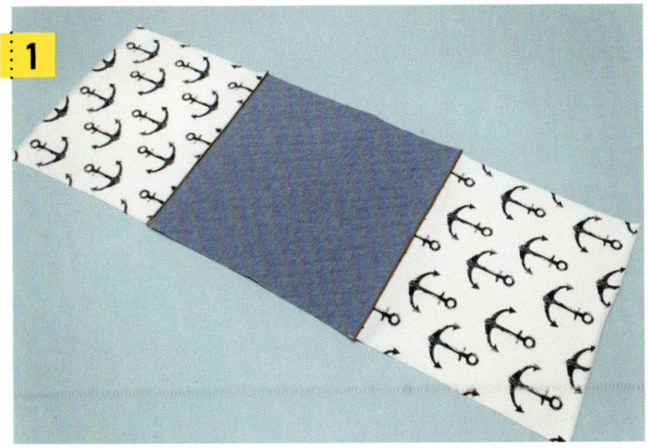


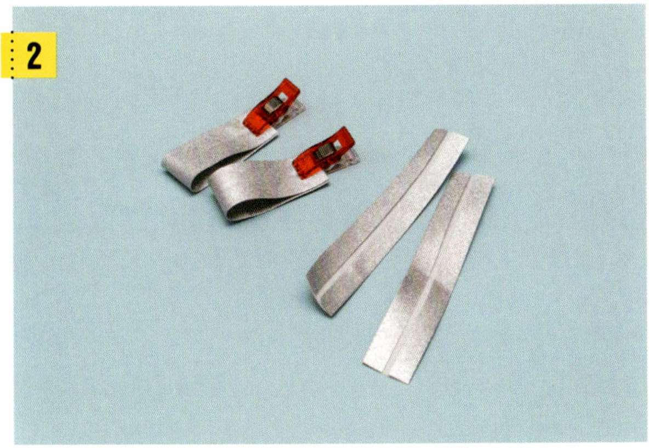


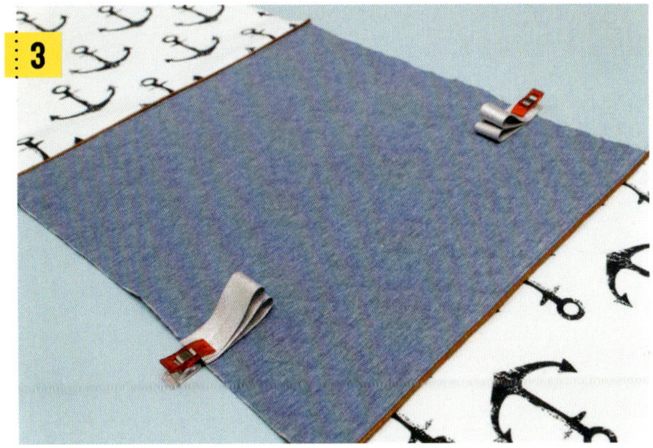


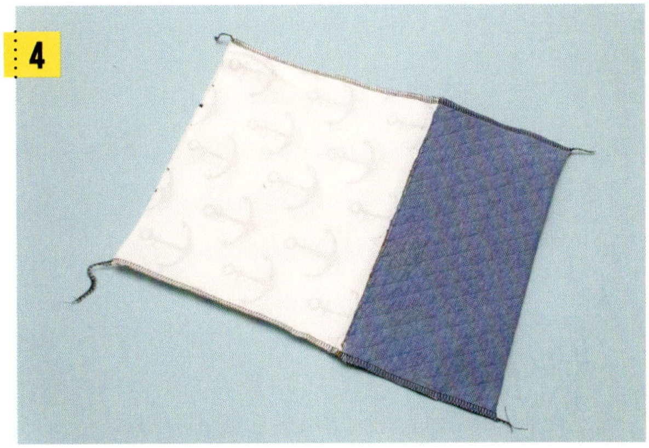


1. Zuerst wird der äußere Turnbeutel zusammengesetzt. Die oberen Außenbeutelteile rechts auf rechts an den unteren Außenbeutel annähen. Dabei nach Belieben eine Paspel dazwischenfassen, wie auf Seite 28 beschrieben.
2. Vier Streifen Schrägband mit einer Länge von je 10 cm zuschneiden. Diese zu Schlaufen falten und mit Klammern fixieren.
3. Je zwei Schlaufen zusammenstecken und am unteren Außenbeutel feststecken, ca. 8 cm von der Teilung entfernt. Die Schlaufen nach innen liegend bündig am Rand platzieren.
4. Dann den äußeren Turnbeutel rechts auf rechts falten und die Seitennähte mit einer dehnbaren Naht schließen. Darauf achten, dass das Paspelband minimal versetzt liegt, da diese Stelle der Naht sonst zu dick wird. Die Schlaufen werden dabei vorsichtig eingenäht.

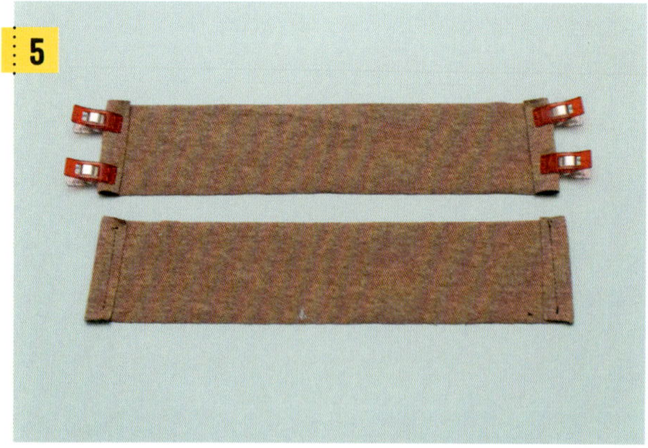


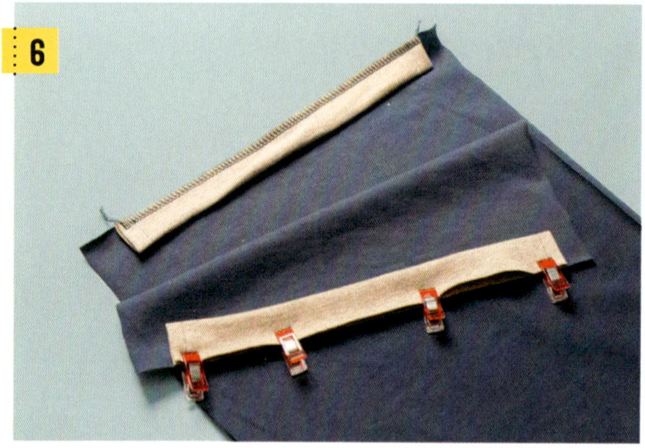


5. Beide Tunnelzüge an den kurzen Seiten 1 cm weit nach links falten und mit einem dehnbaren Stich abnähen.
6. Die Tunnelzüge dann links auf links (Achtung!) in der Höhe zur Hälfte falten und rechts auf rechts an die kurzen Seiten des inneren Turnbeutels stecken. Die Tunnelzüge dabei mittig platzieren und mit einem dehnbaren Stich annähen. Die Stichbreite hierbei reduzieren, damit die Naht später unsichtbar bleibt.

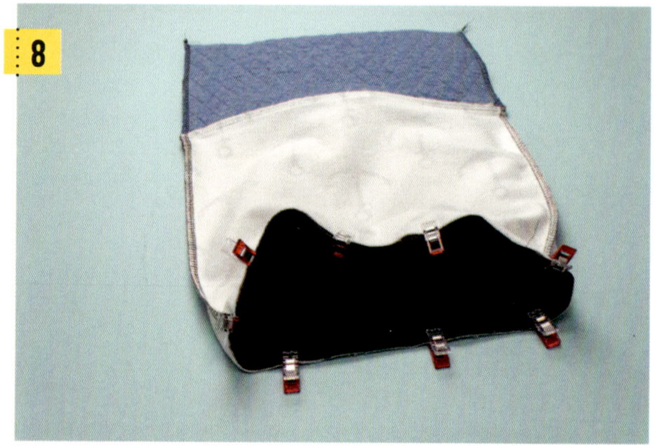


7. Dann den inneren Turnbeutel rechts auf rechts falten und die Seitennähte schließen, dabei auf einer Seite eine Wendeöffnung von ca. 10 cm lassen.
8. Beide Beutel rechts auf rechts ineinanderstecken, die Tunnelzüge liegen mittig dazwischen und zeigen in den Beutel hinein. An den Seitennähten ausrichten, an der oberen Öffnung erst zusammenstecken und dann mit einer dehnbaren Naht zusammenfügen.

9. Den Turnbeutel wenden und die Wendeöffnung schließen. Zwei Kordeln mit je einer Länge von ca. 1,5 m vorbereiten. Auf dem Bild ist der Weg der Kordeln dargestellt. Sie überkreuzen sich in den Tunnelzügen – so kann der Turnbeutel einfach durch Ziehen an den Kordeln verschlossen werden.
10. Für ein leichteres Einfädeln die Kordelenden mit Klebestreifen umwickeln oder auf einen Kordelstopper auffädeln. Die erste Kordel durch eine der Schlaufen, dann durch den ersten Tunnelzug und auf der anderen Seite durch den zweiten Tunnelzug wieder zurück fädeln.
11. Wieder unten angelangt, die Kordel durch die zweite Schlaufe führen und beide Kordelenden unterhalb der Schlaufen verknoten. Klebestreifen bzw. Kordelstopper wieder entfernen.
12. Die zweite Kordel genau entgegengesetzt einfädeln und ebenfalls verknoten. Ist alles korrekt eingefädelt, öffnet und schließt sich der Turnbeutel nun durch Ziehen an den Kordeln.

# Über die Autorin

Lissi von Konfetti Patterns ist an der schönen Müritz in Mecklenburg-Vorpommern aufgewachsen. Nach dem Architekturstudium in Stuttgart, Tokio und Jakarta lebt sie heute mit ihrer Familie in der schwäbischen Hauptstadt Stuttgart. Neben dem Reisen und der Faszination für ferne Länder schlug ihr Herz schon immer für schöne Stoffe und das Nähen. Zum Lebensmittelpunkt wurde der Handarbeitswahn mit der Geburt ihrer Tochter im Jahre 2010.

Seitdem vernäht und streichelt sie Stoffe täglich. Im Nu begann sie eigene Modelle zu designen und diese zu gradieren – für Babys, Kinder, Frauen und Männer.

Über ihre Leidenschaft zum Nähen und über ihre ständig größer werdende Auswahl an Schnittmustern berichtet sie unter facebook.com/konfettipatterns.

# Danksagung

Wie auch schon bei meinem ersten Buch möchte ich allen voran meiner Familie für die liebevolle und motivierende Unterstützung danken. Lieber Jakub, danke dafür, dass du mit Wort und Tat und mindestens zwei offenen Ohren immer für mich da bist!

Liebste Luiza, meine kleine Ballerina, auch du hast so viel Verständnis und Interesse für die geliebte Arbeit deiner Mama, du bist und bleibst mein größter Schatz! Danke, dass ihr mit einer schier unendlichen Gelassenheit meiner Hektik und meinem Chaos gegenübersteht.

Ein riesiges Dankeschön an Janine Erdmann von „Kirschsüß", meiner fleißigen Helferin, für deine unermüdliche, tatkräftige und so freudige Mitarbeit!

Vielen Dank auch an Solveigh Keikavoussi für die so hilfreiche Unterstützung beim Gradieren.

Und jetzt wird es lang: In kurzer Zeit haben diese nähbegeisterten Damen alle Schnittmuster auf Herz und Nieren geprüft, Tipps und Anregungen gegeben, die oft noch die ein oder andere Änderung zur Folge hatten. Ich danke euch von ganzem Herzen für eure inspirierende Unterstüzung, für eure liebevolle Begleitung des Projekts! Ihr habt mit eurem Engagement dieses Werk zu etwas Besonderem gemacht!

Alexandra von Laletola, Anett von fingerhütchen, Angela von Bonastre, Anik von Frau Muscheids Nähstunde, Anita von Atina's, Anja von BECKERei, Almut von GoldKindelein ,Bianka von Bias Nähzimmer, Chrissy von Petites Chipies, Daniela von Isarstiche, Eva von Anis Welt, Franzi von Frau Büntze, Hannah von noona, Jacqueline von Klakline, Jana von Simply January, Janin von KirschSüß, Jasmin von Flyingbutter, Jessica von Herzlich und perfekt, Julia von Junes Welt, Julia von Nachtsgenäht, Katja von Stripede Ønsker, Lisa von Die bunte Welt von Frau Müller, Liz von Mademoiselle Wandelbar, Marion von Meme made it, Martina von FROLLEIN SCHWEIGER, Michaela von Frau Pinka, Monika von Tommy & Lilly - Stoffgeschichten, Raphaela von Maunzerle, Rodi von Ro-Diamanten, Sabine von 'Mit Feenstaub kreativ sein', Sandra von LiebLiebLieb, Sandra von Prin4kids, Simone von Näh-Platz, Sonja von arvicolina, Stefanie von Steninchen.

Vielen Dank für die Möglichkeit zu diesem Buch an Heike Fröhlich und den EMF-Verlag, und ganz großen Dank auch für die schönen Stoffe und alle anderen Nähzutaten an Stoffe.de, Frau Tulpe und Alles für Selbermacher.